essentials

essentials liefern aktuelles Wissen in konzentrierter Form. Die Essenz dessen, worauf es als „State-of-the-Art" in der gegenwärtigen Fachdiskussion oder in der Praxis ankommt. *essentials* informieren schnell, unkompliziert und verständlich

- als Einführung in ein aktuelles Thema aus Ihrem Fachgebiet
- als Einstieg in ein für Sie noch unbekanntes Themenfeld
- als Einblick, um zum Thema mitreden zu können

Die Bücher in elektronischer und gedruckter Form bringen das Expertenwissen von Springer-Fachautoren kompakt zur Darstellung. Sie sind besonders für die Nutzung als eBook auf Tablet-PCs, eBook-Readern und Smartphones geeignet. *essentials:* Wissensbausteine aus den Wirtschafts-, Sozial- und Geisteswissenschaften, aus Technik und Naturwissenschaften sowie aus Medizin, Psychologie und Gesundheitsberufen. Von renommierten Autoren aller Springer-Verlagsmarken.

Weitere Bände in der Reihe http://www.springer.com/series/13088

Jens Uwe Pätzmann · Jessica Hartwig

Markenführung mit Archetypen

Von Helden und Zerstörern: ein neues archetypisches Modell für das Markenmanagement

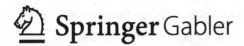 Springer Gabler

Jens Uwe Pätzmann
Hochschule Neu-Ulm
Neu-Ulm, Deutschland

Jessica Hartwig
Ulm, Deutschland

ISSN 2197-6708   ISSN 2197-6716 (electronic)
essentials
ISBN 978-3-658-23087-6   ISBN 978-3-658-23088-3   (eBook)
https://doi.org/10.1007/978-3-658-23088-3

Die Deutsche Nationalbibliothek verzeichnet diese Publikation in der Deutschen Nationalbibliografie; detaillierte bibliografische Daten sind im Internet über http://dnb.d-nb.de abrufbar.

Springer Gabler
Springer Gabler ist ein Imprint der eingetragenen Gesellschaft Springer Fachmedien Wiesbaden GmbH und ist ein Teil von Springer Nature
Die Anschrift der Gesellschaft ist: Abraham-Lincoln-Str. 46, 65189 Wiesbaden, Germany

Was Sie in diesem *essential* finden können

- Eine archetypische Analyse der 50 international erfolgreichsten Blockbuster der letzten zehn Jahre
- Berücksichtigung von männlichen und weiblichen Archetypen
- Abbild der kompletten Realität durch Archetypen und Antiarchetypen
- Zeitgemäße Begriffe bei der Benennung der Archetypen und Antiarchetypen
- Konkrete Hilfestellung bei der Anwendung des Modells in der strategischen Markenführung

Vorwort

Marken bekämpfen einander auf weitgehend gesättigten Märkten. Kleinste Produktvariationen werden zu bahnbrechenden Innovationen stilisiert. Das ist nichts Neues. Eine oft gehörte Antwort auf dieses Dilemma ist: dann müssen wir Marken eben emotionalisieren. Was bisher fehlte, ist eine schlüssige Operationalisierung von Emotionen. Ein Weg, Emotionen für Marken nutzbar zu machen, sind Archetypen.

Dieses Buch ist also für alle, die sich fragen: Wie kann ich meine Marke systematisch emotionalisieren und wie kann ich dadurch in meinem Markt relevanter werden? Denn Archetypen schaffen es, Bilder im Kopf von Endverbrauchern, Geschäftskunden und Mitarbeitern hervorzurufen. Wer Archetypen gezielt einsetzt, der verschafft sich einen Vorsprung vor allen Marketingexperten, die weiterhin kleinste Produktvariationen als Quantensprünge der Markenführung verkaufen – und scheitern.

Die ovummarken strategieberatung arbeitet seit 2010 mit Archetypen. Im Laufe der Zeit hat sie die Methode empirisch verfeinert und irgendwann wurde es notwendig, ein eigenes Modell zu entwickeln, weil erstens frühere Ansätze nur aus männlichen Archetypen bestanden und z. B. den wichtigsten Archetyp – die Mutter – komplett ignorierten, weil zweitens negative Archetypen, wie z. B. der Psychopath, überhaupt nicht vorkamen und weil drittens Begriffe vereinzelt zu sehr an mittelalterliche Figuren erinnerten, wie z. B. der Troubadour.

Wir wollten ein zeitgemäßes Modell entwickeln, das der Universalität von Archetypen Rechnung trägt und haben uns deshalb nicht wie frühere Modelle mit antiken Mythen, mittelalterlichen Legenden oder Kindermärchen beschäftigt, sondern mit modernen Märchen, wie sie in filmischen Blockbustern zu finden sind, die überall auf der Welt emotionalisieren, weil Menschen auf allen fünf Kontinenten freiwillig Geld bezahlen, um diese Filme im Kino zu sehen.

Wert gelegt haben wir auch darauf, dass das neue Modell operationalisiert werden kann. Es hilft konkret bei der Formulierung von Insights und hier insbesondere von motivationalen Barrieren und Verstärkern, der Definition von Markenpersönlichkeiten und Markenwerten, beim Storytelling und Content Marketing, beim Service Design, bei der Produktentwicklung und schlussendlich beim Internal Branding und der Organisationsentwicklung.

Wir bedanken uns ausdrücklich bei unserem Kollegen Prof. Dr. Hans-Michael Ferdinand, der seit Jahren mit uns an der empirischen Verfeinerung der archetypischen Methode arbeitet und sehr wichtige Impulse bei der Neuentwicklung des archetypischen Modells gegeben hat. Ohne ihn wäre das neue Modell nicht entstanden, denn er hat uns wertvolle Zeit, Ressourcen und sein kritisches Urteil zur Verfügung gestellt. Außerdem gebührt Florian Schaller Dank, der bei der Formatierung des Textes unterstützte und einige Abbildungen erstellt hat. Bedanken möchten wir uns darüber hinaus bei Imke Sander vom Verlag Springer-Gabler. Sie hat uns immer konstruktiv und mit einem offenen Ohr begleitet.

Neu-Ulm   Jens Uwe Pätzmann
im Juli 2018   Jessica Hartwig

Inhaltsverzeichnis

Über die Autoren

Prof. Dr. Jens Uwe Pätzmann ist Leiter des Kompetenzzentrums für Marketing & Branding an der Hochschule Neu-Ulm, sowie Partner der ovummarken strategieberatung, Neu-Ulm. Jens Uwe Pätzmann ist seit über 25 Jahren auf Markenführungsthemen spezialisiert, zuerst auf Agentur- und Unternehmensseite und später als Hochschullehrer und Unternehmensberater. Er ist einer der wenigen Experten in Deutschland, die sich in Marketingforschung und -praxis umfassend mit Archetypen beschäftigen.

E-Mail: jens.paetzmann@hs-neu-ulm.de.

Jessica Hartwig hat Betriebswirtschaft mit Schwerpunkt Marketing, Branding & Strategy an der Hochschule Neu-Ulm studiert. Sie war Projektassistentin bei der ovummarken strategieberatung und hat im Rahmen einer Auftragsarbeit zusammen mit Jens Uwe Pätzmann das neue Archetypenmodell entwickelt. Zurzeit absolviert sie ihr Masterstudium der Wirtschaftswissenschaften an der Universität Ulm.

Einleitung

1.1 Archetypentheorie nach C. G. Jung

Der Psychiater C. G. Jung war der Auffassung, die menschliche Psyche ließe sich in drei Bereiche gliedern: das persönliche Bewusste, das persönliche Unbewusste und das kollektive Unbewusste (Jung 1999a, S. 45 ff.; Roesler 2016, S. 28 ff.; Pätzmann und Benzing 2017, S. 18 ff.). Dabei stellt lediglich das persönliche Bewusste den Teil der Psyche dar, der für ein Individuum selbst und für andere sichtbar ist. Der Rest bleibt verhüllt. Das kollektive Unbewusste ist die Gesamtheit aller Erfahrungen und Erinnerungen vergangener Generationen (Solomon 2013, S. 221). Es handelt sich hierbei um Urbilder oder Urfiguren, die an Emotionen geknüpft sind, und welche von C. G. Jung als Archetypen bezeichnet werden. Ging Jung noch davon aus, dass Archetypen vererbt werden, so weiß man heute, dass sie erlernbar sind, also ein eher kulturanthropologisches Phänomen darstellen (Roesler 2016, S. 175 ff.; Pätzmann und Benzing 2018, S. 8 f.).

1.2 Margaret Mark und Carol S. Pearson

C. G. Jung beschäftigte sich mit Archetypen vor allem im Rahmen der von ihm begründeten analytischen Psychologie. Insbesondere Anfang der 2000er Jahre tauchten dann archetypische Modelle für die Markenführung auf, das erste war das von Margaret Mark und Carol S. Pearson. Sie stellten ein in sich geschlossenes Modell mit zwölf Archetypen auf, koppelten es mit Grundmotiven des Menschen und wendeten es konkret auf Fragestellungen der strategischen Markenführung an (Mark und Pearson 2001, S. 5; Kratzer, Ferdinand, Kramer und Pätzmann 2018, S. 12 ff.; Engelhardt, Ferdinand, Kramer und Pätzmann 2018, S. 32 ff.).

© Springer Fachmedien Wiesbaden GmbH, ein Teil von Springer Nature 2018
J. U. Pätzmann und J. Hartwig, *Markenführung mit Archetypen,* essentials,
https://doi.org/10.1007/978-3-658-23088-3_1

Zwei Schwachstellen lassen sich bei diesem Modell identifizieren. Es besteht erstens nur aus männlichen Archetypen, lässt z. B. den stärksten Archetyp – die Mutter – komplett außer Acht und es enthält zweitens nur positive Archetypen, es fehlen die Gegenspieler zur Komplettierung der Syzygie (Gegensatzpaar), von Jung Schatten genannt (Jung 1999b, S. 72).

1.3   Young & Rubicam

Da es diese Schatten – also Archetypen, bei denen negativ konnotierte Eigenschaften überwiegen – durchaus gibt, hat die Werbeagentur Young & Rubicam ein Archetypenmodell entwickelt, welches ähnlich aufgebaut ist, wie das von Mark und Pearson, jedoch die zwölf Archetypen um zwölf Schattenarchetypen ergänzt. Diese besitzen jeweils die Schatteneigenschaften der korrespondierenden Archetypen (Solomon 2013, S. 222). Während so beispielsweise der Engel die Eigenschaften optimistisch, unschuldig und rein besitzt, ist sein Gegenstück, die Waise, verlassen, verletzlich und verängstigt. Das Modell von Young & Rubicam schafft es, die Realität durch Einbeziehung von Archetypen und Schattenarchetypen besser abzubilden. Eine Schwachstelle des Modells stellen Begrifflichkeiten dar, die heute überholt scheinen. Ziel und Zweck von Archetypen ist es, Bilder im Kopf hervorzurufen. Dies funktioniert am besten mit Worten aus unserem täglichen Sprachgebrauch. Daher scheinen Archetypen wie der Troubadour oder die Schattenhexe ungeeignet.

1.4   Neuroversum of Archetypes

Das letzte wesentliche, archetypische Modell für die Markenführung ist in Deutschland entstanden. Es nennt sich Neuroversum of Archetypes und basiert auf einer Zusammenarbeit zwischen der Werbeagentur Scholz & Friends und dem Marktforschungsdienstleister Spiegelinstitut Mannheim (Horizont Online 2011). Im Neuroversum of Archetypes wurden Archetypen mit menschlichen Grundmotiven, ähnlich wie bei Mark und Pearson, gekoppelt. Dabei wurde sich auf jene drei großen Motivsysteme berufen, die sowohl in der psychologisch-empirischen als auch in der neuropsychologischen Forschung nach heutigem Stand als gültig anerkannt sind (Spiegel und Jens 2010, S. 63). In einer Motivlandkarte können Marken verortet werden, dabei kann sichtbar gemacht werden, wo sich eine Marke heute befindet und wie sie sich zukünftig verändern muss, um z. B. weiterhin einzigartig zu bleiben (ebd., S. 66). Wie in den Modellen zuvor, werden auch im Neuroversum of Archetypes wieder zwölf Archetypen aufgeführt. Diese überschneiden sich weitgehend mit den Archetypen von Mark und Pearson. Die Schattenarchetypen, die von Young & Rubicam eingeführt wurden, entfallen gänzlich. Auch weibliche Archetypen kommen nicht vor. Somit ist der Ansatz, Archetypen mit Motiven zu verknüpfen für die Markenführung zwar höchst interessant, ohne weibliche und Schattenarchetypen jedoch unvollständig.

1.5   Die drei Grundmotive des Menschen

Obwohl jeder Mensch individuelle Wünsche und Bedürfnisse hat, lassen sich diese allesamt auf drei Grundstrebungen zurückführen (Scheier und Held 2012, S. 107). Im Zürcher Modell der sozialen Motivation des Psychologen Nobert Bischof, auf das sich die meisten Autoren berufen, ist hierbei die Rede vom Sicherheits-, Erregungs- und Autonomiesystem (Bischof 1997, S. 499 ff.). Georg Häusel verwendet für die Hirnforschung ein ähnliches Modell und spricht bei den drei Grundmotiven von limbischen Instruktionen (Häusel 2011, S. 36). Diese Instruktionen stehen für Balance, Stimulanz und Dominanz und entsprechen damit exakt den Grundbedürfnissen der Menschen, so wie sie von Bischof definiert wurden. Bei Bischof lassen sich die Grundmotivsysteme mit positiven Motiven (Sicherheit > Bindung; Erregung > Neugier; Autonomie > Behauptung) und mit negativen Motiven (Sicherheit > Überdruss; Erregung > Furcht; Autonomie > Unterwerfung) koppeln. Für die Etablierung eines neuen archetypischen Modells spielen die negativen Motive eine wichtige Rolle, denn nur so können auch Schattenarchetypen, ab jetzt Antiarchetypen genannt, in einer Motivlandkarte verortet werden. Des Weiteren werden die Begriffe motivationaler Verstärker (positives Motiv) und motivationale Barriere (negatives Motiv) eingeführt. Zieht man das Modell von Bischof heran, das positive und negative Rückkoppelungen der drei Grundmotivsysteme zulässt, wodurch es möglich wird, den Rückkoppelungen Archetypen und Antiarchetypen zuzuordnen – und bezieht man weibliche Archetypen mit ein, so entsteht ein neues archetypisches Modell für die Markenführung, das auf die Stärken der Vorgängermodelle aufbaut und die Schwächen ausmerzt.

Das neue archetypische Modell

2

Auf Basis der empirischen Studie mit 50 Blockbustern wurde ein Modell erstellt, das vierzehn Archetypen und vierzehn korrespondierende Antiarchetypen enthält. Durch Zuordnung auf der Motivlandkarte entstehen sechs Gruppierungen: Drei Archetypen, deren dominierendes Motiv die Bindung ist, sowie drei Antiarchetypen, deren dominierendes Motiv der Überdruss ist. Fünf Archetypen bzw. Antiarchetypen folgen der Neugier bzw. der Furcht. Fünf weitere Archetypen stehen als Motiv für die Behauptung, fünf Antiarchetypen für die Unterwerfung. Ein verbleibender Archetypus und sein Pendant haben eine besondere Stellung, auf die im späteren Verlauf eingegangen werden soll.

Im Folgenden werden alle 28 Archetypen und ihre korrespondierenden motivationalen Verstärker und Barrieren erläutert. Hierfür wurde für jeden Archetypus ein Steckbrief erstellt, der analoge Bezeichnungen, sechs Eigenschaften in priorisierter Reihenfolge, ein Motto und eine prägnante Beschreibung, was diesen Archetypus ausmacht, enthält. Darüber hinaus beinhalten die Steckbriefe eine Einordnung zu den Tendenzen des Geschlechts, des Alters und der Gesinnung.

2.1 Die Blockbuster-Analyse

Zwar sind Archetypen nur bedingt universell (Roesler 2016, S. 205), dennoch haben sie weltweit Gültigkeit, allerdings mit unterschiedlicher Ausprägung. Um diese – bedingte – Universalität zu gewährleisten, haben die beiden Autoren die weltweit erfolgreichsten 50 Blockbuster der letzten zehn Jahre analysiert und zu Archetypen und Antiarchetypen gruppiert. Es wird davon ausgegangen, dass wenn jemand in Tansania, Japan, USA, Deutschland oder Chile freiwillig Geld für eine Kinokarte ausgibt, er erstens dechiffrieren kann, welche Archetypen in

© Springer Fachmedien Wiesbaden GmbH, ein Teil von Springer Nature 2018
J. U. Pätzmann und J. Hartwig, *Markenführung mit Archetypen,* essentials,
https://doi.org/10.1007/978-3-658-23088-3_2

den Filmen eine exponierte Rolle spielen und er zweitens diese Archetypen faszinierend findet, denn sonst würde er die Filme nicht weiterempfehlen. Nur weiterempfohlene Filme werden zu Blockbustern. Die Informationen über Einspielergebnisse wurden über die führende Internet-Plattform Box Office Mojo eingeholt. Die Datenbank, die dem Amazon-Konzern gehört, sammelt die Brutto-Einnahmen aus jeweils mindestens 50 Ländern und veröffentlicht diese im Wochentakt (Box Office Mojo 2017). In einem weiteren Schritt wurden alle Filme entfernt, die nicht auf allen fünf Kontinenten in die Kinos kamen. Hierfür wurden die Erscheinungstermine der Filme in verschiedenen Ländern abgeprüft (IMDb 2017). Die Top 50, die nach diesen Bereinigungen übrigblieben, waren Kern der sogenannten Blockbuster-Analyse. Hierfür erfolgte der Erwerb der Filme auf DVD (siehe Tab. 2.1). Nach dem Erwerb wurden zwei Eingabemasken

Tab. 2.1 Liste der analysierten Blockbuster

Erscheinungsjahr	Filmtitel
2007	I am Legend; Ratatouille; Shrek – der Dritte; Spider-Man 3
2008	Der Marsianer – Rettet Mark Watney; Hancock; Indiana Jones und das Königreich des Kristallschädels; Madagascar: Escape 2 Africa; Mamma Mia!
2009	2012 – Das Ende der Welt; Avatar – Aufbruch nach Pandora; Ice Age 3 – Die Dinosaurier sind los; Oben
2010	Alice im Wunderland; Inception; Rapunzel – Neu Verföhnt; Toy Story 3
2011	Harry Potter und die Heiligtümer des Todes (Teil 2); Mission: Impossible – Phantom Protokoll; Transformers 3 – Die dunkle Seite des Mondes
2012	Batman-Trilogie: The Dark Knight Rises; Der Hobbit: Eine unerwartete Reise; James Bond 007: Skyfall; Life of Pi: Schiffbruch mit Tiger; Marvel's The Avengers; Men in Black 3
2013	Die Monster Uni; Die Tribute von Panem: Catching Fire; Ich – Einfach unverbesserlich 2; Iron Man 3; Man of Steel
2014	Baymax: Riesiges Robuwabohu; Die Eiskönigin – Völlig unverfroren; Gravity; Interstellar; Planet der Affen: Revolution; X-Men: Zukunft ist Vergangenheit
2015	Alles steht Kopf; Batman v Superman – Dawn of Justice; Jurassic Park: Jurassic World; Star Wars: Das Erwachen der Macht; The Fast and Furious: Fast and Furious 7
2016	Deadpool; Doctor Strange; Findet Dorie; Kung Fu Panda 2; Phantastische Tierwesen und wo sie zu finden sind; Suicide Squad; Zoomania
2017	Die Schöne und das Biest

zur einheitlichen Analyse erstellt. Eine der Eingabemasken galt dem Festhalten allgemeiner Informationen über den Film, die andere und weitaus wichtigere Eingabemaske war eine Art Charakterbogen, die für jede wichtige Filmfigur ausgefüllt werden konnte. Dazu zählten persönliche Merkmale, Handlungsmotive, Wünsche, Ängste und Charaktereigenschaften. Diese wurden sowohl zu Beginn als auch gegen Ende des Films festgehalten, um eventuelle Veränderungen des entsprechenden Archetypus feststellen zu können. Nachdem die Eingabemasken fertiggestellt waren, konnte der wichtigste Schritt erfolgen: Die Analyse der Filmcharaktere und ihre abschließende Bewertung. Im Zuge der Analyse wurden 267 Charakterbögen ausgefüllt – 84 weibliche, 183 männliche.

2.2 Archetypen

In dem neuen archetypischen Modell finden sich insgesamt vierzehn Archetypen wieder, die in Abb. 2.1 zu sehen sind. Wie bereits erläutert, können entsprechend den motivationalen Verstärkern drei Gruppierungen gebildet werden. Der Held nimmt eine Sonderstellung in der Mitte des Modells ein.

Das Modell enthält zehn männliche Archetypen (71,4 %) und dabei nur vier weibliche (28,6 %). Dieser Umstand ist damit zu begründen, dass in den untersuchten Blockbustern männliche Filmfiguren deutlich überwiegen. Von den 267 untersuchten Charakteren sind nur 84 (31,5 %) weiblich, die restlichen 183 (68,5 %) männlich. Anteilig stimmt das Geschlechterverhältnis im Modell mit dem der Empirie also überein.

2.2.1 Liebe ist genug – Die Bindung

Die Archetypen *Mutter, Freund und Mutter Erde* werden angetrieben von ihrem Wunsch nach Bindung. Ihre soziale Ader und ihre Philanthropie bestimmen ihr Handeln. Das Wohlbefinden anderer steht für sie oft an erster Stelle.

Diese Gruppe weist dabei den deutlich größten Anteil an weiblichen Archetypen auf. Die Tatsache ist jedoch nicht weiter verwunderlich, da jeder Mensch eine Mutter hat und sie im Leben eines jeden Menschen oft die erste Bezugsperson darstellt. Bischof spricht hierbei von der primären Bindung, während alle weiteren, später geschlossenen Bindungen nur sekundärer oder tertiärer Natur sind (1997, S. 417). Die Themen Sicherheit und Bindung führen daher unweigerlich zu Assoziationen mit dem Weiblichen. Aus diesem Grund kann diese Gruppe auch als die Gruppe der **femininen Archetypen** bezeichnet werden.

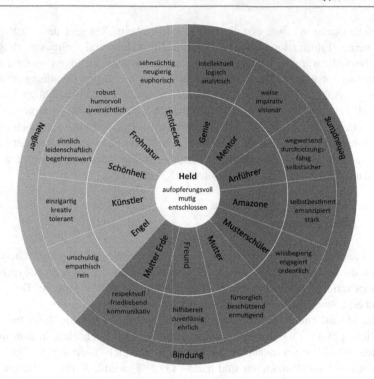

Abb. 2.1 Archetypen des archetypischen Modells nach Pätzmann und Hartwig

Die Mutter

Archetyp	Die Mutter
Tritt auch auf als…	Großmutter, Beschützer, Schutzengel, Vater, Großvater
Eigenschaften	fürsorglich, beschützend, ermutigend, aufrichtig, tröstend, liebevoll
Motto	„Meine Kinder sind mein größter Schatz."
Was sie ausmacht	Die größte Gabe der Mutter ist ihr Beschützerinstinkt, mit dem sie ihre Kinder vor allem Übel der Welt zu bewahren versucht.
Übliches Geschlecht	weiblich ○ ● ○ ○ ○ männlich
Übliches Alter	jung ○ ○ ○ ● ○ alt
Gesinnung	gut [▮] böse

Einen der wichtigsten Archetypen überhaupt stellt die *Mutter* dar. Jeder Mensch hat eine Mutter oder zumindest eine starke Idealvorstellung der Mutter. Daher steht es außer Frage, dass die *Mutter* als Archetyp über Geschlechter, Kulturen und Altersstufen hinweg Assoziationen hervorruft. Sie ist fürsorglich, hat einen ausgeprägten Beschützerinstinkt und stellt die Bedürfnisse anderer stets in den Vordergrund.

Ein herausragendes Beispiel für die *Mutter* ist Madame Pottine im Film *Die Schöne und das Biest* (Condon 2017). Madame Pottine stellt den gesamten Film über den Ruhepol für die anderen Figuren dar. Sie gibt einem das Gefühl, dass sie stets für andere da ist und nur das Beste will. Um alles in der Welt will sie verhindern, dass ihr kleiner Sohn traurig und entmutigt ist. Um ihre Beschützerrolle einzunehmen, bleibt sie stark – egal, wie aussichtslos die Lage auch scheinen mag. Sie stellt all das dar, was jeder Mensch sich bewusst oder unbewusst von seiner eigenen Mutter wünscht. Nicht umsonst führt ein Mangel an den genannten mütterlichen Eigenschaften oft dazu, dass Kinder beispielsweise ein vermindertes Selbstbewusstsein oder Bindungsprobleme entwickeln, die sie bis ins Erwachsenenalter begleiten (Metzler 2016). John Bowlby stellte sogar die These auf, „that mother-love in infancy and childhood is as important for mental health as are vitamins and proteins for physical health" (Bowlby 1951, zitiert nach Hardy und Heyes 1999, S. 158).

Die *Mutter* tritt in den analysierten Blockbustern häufig auf. Die Filmfigur muss nicht zwangsweise eigene Kinder haben, um als mütterlicher Archetypus aufzutreten. Sie kann auch gegenüber anderen Bezugspersonen mütterliche Eigenschaften aufweisen. Oft ist dies der Lebenspartner oder ein guter Freund. So kümmert sich beispielsweise Clark Kents Freundin Lois Lane in *Batman v Superman – Dawn of Justice* (Snyder 2015) liebevoll wie eine Mutter um ihn. Selbst als das ganze Land ihn für böse hält und gegen ihn ist, hält sie zu ihm.

Der Archetypus *Mutter* ist meist weiblich, gelegentlich jedoch auch männlich und tritt dann beispielsweise in der Figur des Vaters auf. Männliche Filmfiguren haben die *Mutter* meist nicht als dominanten Archetypus, sondern als subdominanten Archetypus. So ist beispielsweise die Figur Deadshot im Film *Suicide Squad* (Ayer 2016) ein brutaler und herzloser Killer. Tritt er jedoch seiner Tochter gegenüber, wird er zum liebevollen und fürsorglichen Vater, dem nichts wichtiger als das Wohl seiner Tochter ist. Da also die *Mutter* teilweise in Verbindung mit Antiarchetypen auftritt, ist die Gesinnung der *Mutter* nicht als eindeutig einzustufen. Sie ist jedoch in erster Linie gut.

Der Freund

Archetyp	Der Freund					
Tritt auch auf als…	Gefährte, Rechte Hand, Sidekick, Begleiter					
Eigenschaften	hilfsbereit, zuverlässig, ehrlich, loyal, versöhnlich, kooperativ					
Motto	„Ein wahrer Freund ist der, der hilft, wenn kein anderer da ist."					
Was ihn ausmacht	Der Freund möchte seine Gefährten um jeden Preis unterstützen. Nicht sein eigenes Ziel steht im Vordergrund, sondern das des Freundes.					
Übliches Geschlecht	weiblich	○	○	○	●	○	männlich
Übliches Alter	jung	○	○	●	○	○	alt
Gesinnung	gut	▮▭▭▭▭▭▭				böse

Für den *Freund* steht ähnlich wie für die Mutter das Wohl einer geliebten Person im Vordergrund, für das eigene Bedürfnisse im Zweifelsfall zurückgestellt werden. Der *Freund* steht seiner Bezugsperson jedoch auf Augenhöhe gegenüber, während gegenüber der *Mutter* ein gewisses Abhängigkeitsverhältnis besteht. Sie ist meist etwas älter und daher weiser und erfahrener als der *Freund*. Er tritt außerdem häufiger in männlicher Gestalt auf.

Der *Freund* ist eine Person, auf die man sich immer verlassen kann. Er kennt einen in- und auswendig und akzeptiert einen mit allen Fehlern. Er steht zu seinem Wort, ist stets ehrlich und hilft, wo er nur kann.

Als Beispiel kann hier Olaf aus dem Film *Die Eiskönigin – Völlig unverfroren* herangezogen werden (Buck und Lee 2013). Ab dem Moment, in dem er Anna und Kristoff kennenlernt, bleibt der dümmliche Schneemann tapfer an ihrer Seite und hilft ihnen dabei, Annas Schwester Elsa zu finden. Olaf tut alles für das Wohl Annas. Sie droht, zu erfrieren. Obwohl er damit sein eigenes Leben aufs Spiel setzt, entzündet er für sie ein Feuer. Eher würde er sterben, statt seine Freundin im Stich zu lassen. Er steht ihr zur Seite, obwohl die Lage aussichtslos scheint.

In wenigen Fällen entwickelt der *Freund* Gefühle für sein Gegenüber und bekommt dadurch auch eine romantische Komponente. Die Charaktereigenschaften des *Freundes* bleiben dabei unberührt. Als Beispiel kann hier Peeta Mellark in der *Die Tribute von Panem*-Filmreihe (u. a. Lawrence 2013) genannt werden. Ähnlich wie Olaf tut Peeta alles in seiner Macht stehende, um Katniss Everdeen zu retten. Auch er setzt sein Leben für ihres aufs Spiel. Im Laufe der

Filmreihe entwickeln beide tiefe und innige Gefühle füreinander und werden sogar ein Paar.

Mutter Erde

Archetyp	Mutter Erde
Tritt auch auf als…	Mutter Natur, Empathin, Tierfreund, Naturalist, Medium
Eigenschaften	respektvoll, friedliebend, kommunikativ, naturverbunden, konstruktiv, wertschätzend
Motto	„Vor der Natur sind alle gleich."
Was sie ausmacht	Die Mutter Erde verspürt zu allen Wesen auf der Welt eine tiefe Verbundenheit und Ehrfurcht. Ein Tier oder eine Pflanze ist ihr nicht weniger wert, als der Mensch.
Übliches Geschlecht	weiblich ○ ○ ● ○ ○ männlich
Übliches Alter	jung ○ ○ ● ○ ○ alt
Gesinnung	gut [■▭▭▭▭▭] böse

Die *Mutter Erde* ist vielleicht der abstrakteste aller Archetypen dieses neuen Modells. Er ist nämlich nicht unbedingt ein Personenarchetypus, sondern kann durchaus einen Natur-, Elementar- oder Tierarchetypus oder ein archetypisches Motiv darstellen. Während die *Mutter* zu anderen Personen ein liebevolles und beschützendes Verhältnis aufbaut, versucht die *Mutter Erde* im Einklang mit allen Lebewesen zu stehen. Sie stellt eine Personifizierung der Schöpfung dar und lebt nach dem Prinzip der Reinkarnation. Sie ist der festen Überzeugung, dass alle Lebewesen denselben Ursprung haben. Daher verdient es jedes Lebewesen, mit Respekt behandelt und wertgeschätzt zu werden. Außerdem versucht sie alle Formen des Leids zu vermeiden, da sie weiß, dass Menschen sich damit nur selbst schaden. Sie tritt oft als Vermittler zwischen unterschiedlichen Parteien, meist zwischen Mensch und Natur, auf.

Im Film *Avatar – Aufbruch nach Pandora* (Cameron 2009) wird das Motiv der *Mutter Erde* in vielfacher Weise aufgegriffen. Auf Symbolebene ist die ganze Welt Pandora *Mutter Erde,* die entstehen und vergehen lässt; die gibt und nimmt. Demjenigen, der ein reines Herz hat, öffnet sie sich und erstrahlt in voller Schönheit. Für die Einwohner Pandoras, die Na'vi, verkörpert der Baum der Seelen die *Mutter Erde*. Sie ist der heiligste aller Orte und wahrt alle Erinnerungen des Volkes.

Als Personenarchetypus wird die *Mutter Erde* in gewisser Weise von allen Na'vi dargestellt, da sie alle dasselbe Verständnis für das Leben haben. Im starken Kontrast zu ihnen steht der Mensch, der die Natur ausbeuten und zerstören will.

Die *Mutter Erde* ist ein sehr starker Archetyp und kann spirituell bis religiös interpretiert werden, wie es bei Neytiri in *Avatar – Aufbruch nach Pandora* der Fall ist.

Die *Mutter Erde* kann sowohl in männlicher als auch in weiblicher Gestalt, sowohl in jung als auch in alt auftreten. Durch ihre Liebe zu allen Lebewesen und ihr reines Herz ist sie durchweg gut.

2.2.2 Das Streben nach Glück – Die Neugier

Dem motivationalen Verstärker der Neugier sind die Archetypen *Engel, Künstler, Schönheit, Frohnatur* und *Entdecker* zuzuordnen. Die Verteilung weiblicher und männlicher Archetypen ist hier relativ ausgeglichen. Sie alle weisen ein exploratives, spielerisches und risikofreudiges Verhalten (Bischof 2014, S. 443) auf oder lösen es in ihrem Gegenüber aus. Analog zu der Verbindung zwischen der Bindung und dem Weiblichen, findet hier eine Assoziation mit dem Kindlichen statt. In dieser Gruppe finden sich daher die **infantilen Archetypen.**

Der Engel

Archetyp	Der Engel
Tritt auch auf als…	Kind, Heiler, Unschuldslamm
Eigenschaften	unschuldig, empathisch, rein, aufgeschlossen, gutgläubig, offen
Motto	„Alles wird gut."
Was ihn ausmacht	Der Engel glaubt fest daran, dass in jedem Menschen etwas Gutes steckt, da er bisher vor Leid und Elend auf der Welt verschont blieb.
Übliches Geschlecht	weiblich ○ ◉ ○ ○ ○ männlich
Übliches Alter	jung ○ ◉ ○ ○ ○ alt
Gesinnung	gut ▮▭▭▭▭ böse

Im Neuen Testament und im Koran, wo sie ihren Ursprung haben, treten die Engel meist als gut, teilweise aber auch als böse Dämonen auf (Brockhaus-Enzyklopädie in vierundzwanzig Bänden 1988a, S. 379). In der Theologie ist mit dem Engel oft ein Schutzengel gemeint (ebd.). Heute steht der Engel meist für ein junges, kindliches Wesen, welches noch rein und unschuldig ist. Es deckt sich mit dem Bild des Schutzengels insoweit, dass es ebenfalls versucht, andere mit seinen (hier jedoch menschlichen und begrenzten) Mitteln zu schützen und ihnen Gutes zu tun. Der *Engel* als Archetyp ist ebenfalls rein und unschuldig. In den meisten Fällen ist er noch sehr jung. Oft wächst er behütet auf und hat daher noch keine Vorstellung davon, wie böse und grausam das Leben sein kann. Aus diesem Grund ist er gutgläubig und aufgeschlossen gegenüber Neuem. Der Engel hat die Gabe, sich gut in andere Menschen hineinzuversetzen. Geht es einer anderen Person schlecht, agiert er als Schutzengel und versucht diese aufzubauen.

Verkörpert wird der *Engel* beispielsweise von Marley Neville in *I am Legend* (Lawrence 2007). Marleys Eltern flüchten wegen eines ausgebrochenen aggressiven Virus aus der Stadt. Die Unschuld und Reinheit Marleys wird vor allem dann deutlich, wenn ihre Eltern verzweifelt und beinahe in Todesangst über ihre Lage sprechen, während sie selbst die Gefahr der Situation nicht einzuschätzen weiß. Sie versteht nicht, warum die Familie flüchten muss. Später wird ihre Empathie deutlich. Sie sieht ein anderes Mädchen, das in den Armen ihrer weinenden Mutter zurückgelassen wird. Sie erkennt die Verzweiflung der beiden und will ihrer Altersgenossin helfen. Auch als der Vater zurückbleiben will und sich von seiner Frau und Marley verabschiedet, kommt ihre empathische und fürsorgliche Seite zum Vorschein. Damit ihr Vater nicht einsam wird, übergibt sie ihm ihren Welpen Sam.

Der *Engel* steht an der Schwelle zwischen den beiden motivationalen Verstärkern Neugier und Bindung. Der Neugier folgt er dabei jedoch stärker. Er sucht stets das Gute im Menschen und ist Neuem gegenüber aufgeschlossen und interessiert. Wie im Beispiel Marley Neville hat er außerdem große Freude an Überraschungen. Andererseits ist der Engel sehr empathisch und möchte Menschen sowie Tieren helfen, wenn es ihnen schlecht geht. Oft tritt er als Heiler in Erscheinung, wie beispielsweise Primrose Everdeen in der *Die Tribute von Panem*-Filmreihe (u. a. Lawrence 2013). Trotz ihres sehr jungen Alters von dreizehn Jahren nimmt sie bereits ihre Ausbildung zur Ärztin auf und versorgt beispielsweise Gale Hawthorne, als er Verletzungen erleidet. Diese Eigenschaften können auch der Bindung zugeordnet werden.

Der *Engel* tritt in den Blockbustern meist in weiblicher Gestalt auf. Durch sein reines Herz ist er ausschließlich gut. Er würde anderen niemals Schlechtes wünschen oder gar antun. Ähnlich wie die *Mutter Erde* erkennt er jedes Leben als wertvoll an.

Der Künstler

Archetyp	Der Künstler
Tritt auch auf als…	Paradiesvogel, Sonderling, Freigeist, Hippie, Schöpfer
Eigenschaften	einzigartig, kreativ, tolerant, extravagant, spektakulär, schöpferisch
Motto	„Jeder Idee wohnt ein Zauber inne."
Was ihn ausmacht	Der Künstler ist einzigartig und drückt dies mit jeder Faser seines Körpers aus. Seine Kreativität reißt andere mit und fasziniert sie.
Übliches Geschlecht	weiblich ○ ○ ○ ● ○ männlich
Übliches Alter	jung ○ ○ ● ○ ○ alt
Gesinnung	gut [▭◼▭▭▭▭▭] böse

Der *Künstler* ist der kreativste aller Archetypen. Er hat eigene Ansichten über das Leben und schwimmt damit im Zweifelsfall auch gegen den Strom. Er steht hinter seinen Überzeugungen und drückt seine Andersartigkeit daher auch gerne für alle anderen sichtbar aus. Man erkennt ihn daher oft an seinem auffälligen Erscheinungsbild, welches er mithilfe extravaganter Kleidung, Make-up oder Frisuren inszeniert. Er weiß um seine Einzigartigkeit und ist stolz auf sie. Da er das Gefühl kennt, ausgeschlossen zu werden, will er es besser machen und tritt tolerant gegenüber Menschen auf, die ebenfalls andersartig sind. Einzig und allein für grausame und bösartige Menschen hat er kein Verständnis und bringt auch das zum Ausdruck. Durch seine freidenkende Art liegt ihm besonders viel an seinen persönlichen Freiheitsrechten.

In der Filmwelt wird der Künstler oft in unterschiedlichen Filmen von demselben Schauspieler verkörpert. Als Beispiel sei hier Johnny Depp genannt, der auch im wahren Leben eine außergewöhnliche und einzigartige Persönlichkeit besitzt. So spielte er unter anderem einen abgedrehten Friseur (*Edward mit den Scherenhänden*, Burton 1990), einen waghalsigen Piraten (*Fluch der Karibik*-Reihe, u. a. Verbinski 2003) oder einen verrückten Schokoladenhersteller (*Charlie und die Schokoladenfabrik*, Burton 2005). In allen dieser Filme spielt er einen Paradiesvogel, der anders als alle anderen Figuren ist. In der Blockbuster-Analyse ist Johnny Depp in der Rolle des verrückten Hutmachers in *Alice im Wunderland* (Burton 2010) vertreten.

Das tatsächliche Betreiben einer Kunstform ist für den *Künstler* nur eine hinreichende Bedingung. Was ihn ausmacht, sind außergewöhnliche Ideen und seine Andersartigkeit. Er existiert über alle Altersstufen hinweg, ist in den analysierten Blockbustern aber eher männlich als weiblich. Seine Gesinnung ist eher gut, es gibt jedoch auch Ausnahmen. Der *Künstler* hat Überschneidungen mit dem Antiarchetypus des *Rebellen*. Beide wenden teilweise rabiate Methoden an, um ihren Standpunkt klarzumachen. Daher hat der *Künstler* je nach Sichtweise auch eine schlechte Ader.

Die Schönheit

Archetyp	Die Schönheit
Tritt auch auf als...	Märchenprinzessin / Märchenprinz, Liebesgott / Liebesgöttin, Charmeur, Muse, Casanova
Eigenschaften	sinnlich, leidenschaftlich, begehrenswert, reizvoll, glamourös, attraktiv
Motto	„Schönheit macht jede Situation zu etwas Besonderem."
Was sie ausmacht	Die Schönheit ist so reizvoll, dass sie es schafft, jeden Mann um den Finger zu wickeln. Jeder Wunsch wird ihr von den Augen abgelesen.
Übliches Geschlecht	weiblich ○ ● ○ ○ ○ männlich
Übliches Alter	jung ○ ● ○ ○ ○ alt
Gesinnung	gut [━━━━▮━━━━] böse

Die *Schönheit* ist eine Figur, in die sich alle beim ersten Anblick verlieben. Sie ist nicht nur attraktiv, sondern hat zusätzlich eine Ausstrahlung, die alle in den Bann zieht. Betritt sie den Raum, haften alle Blicke an ihr. Männer hätten sie gern an ihrer Seite, Frauen wollen so sein wie sie. Die *Schönheit* weiß um ihre Wirkung und macht nicht Halt davor, diese zum Erreichen ihrer Ziele einzusetzen. Dabei ist sie jedoch nicht bösartig. Sie ist sehr gefühlsbetont und genießt körperliche Nähe zu anderen Menschen.

Sie zieht mit ihrem Aussehen zwar die Aufmerksamkeit auf sich, gibt aber sonst zunächst nicht viel von sich preis. Sie wirkt dadurch geheimnisvoll und erweckt in anderen das starke Bedürfnis, mehr über sie herauszufinden. Aus diesem Grund ist ihr motivationaler Verstärker die Neugier.

Verkörpert wird die *Schönheit* beispielsweise von Queenie Goldstein in *Phantastische Tierwesen und wo sie zu finden sind* (Yates 2016). So wird sie von ihrer Schwester und von zwei für sie unbekannten Männern unangekündigt besucht. Sie wird leicht bekleidet beim Verrichten des Haushalts überrascht. Lasziv zieht sie sich etwas über, wobei Jacob Kowalsky die Augen nicht von ihr lösen kann. Sie spricht mit sanfter, verruchter Stimme und beißt sich verführerisch auf die Lippen, während die Szenerie von der Musik aus dem Plattenspieler untermalt wird. Sie sorgt sich um Jacob. Sie weiß, welche Wirkung sie auf ihn hat und schämt sich nicht, dies auszusprechen. Ihre weniger attraktive und sachlich-nüchterne Schwester Tina Goldstein steht im Kontrast zu ihr und betont damit Queenies Weiblichkeit und Sinnlichkeit zusätzlich.

Die *Schönheit* ist jüngeren Alters, nämlich meist in ihren Zwanzigern oder frühen Dreißigern und überwiegend weiblich. Es gibt jedoch auch männliche Vertreter, zu denen beispielsweise Hans aus *Die Eiskönigin – Völlig unverfroren* (Buck und Lee 2013) vor seiner Metamorphose gehört. Mit seinem Charme und seinem guten Aussehen zieht er die Prinzessin Anna sofort in seinen Bann. Sie verliebt sich auf den ersten Blick und er bringt sie noch am Tag ihres Kennenlernens dazu, ihn heiraten zu wollen.

Die *Schönheit* ist überwiegend gut. Im Gegensatz zu ihrem Gegenstück, der *Femme Fatale*, missbraucht sie ihre Anziehungskraft nicht für bösartige Zwecke. Dennoch neigt sie manchmal dazu, selbstverliebt und egozentrisch zu wirken.

Die Frohnatur

Archetyp	Die Frohnatur
Tritt auch auf als…	Hedonist, Lebenskünstler, Narr, Spaßvogel, Optimist, Entertainer
Eigenschaften	robust, humorvoll, zuversichtlich, lebensfroh, unbeschwert, positiv
Motto	„Jede noch so ausweglose Situation hat etwas Gutes."
Was ihn ausmacht	Die Frohnatur lässt sich niemals unterkriegen und schafft es selbst in der dunkelsten Stunde, das Beste aus seiner Situation zu machen.
Übliches Geschlecht	weiblich ○ ○ ○ ● ○ männlich
Übliches Alter	jung ○ ○ ● ○ ○ alt
Gesinnung	gut [▮] böse

Die *Frohnatur* wird oft vor eine unlösbare Aufgabe gestellt und schafft es dennoch, ihren Optimismus und ihren Humor zu wahren und das Beste aus ihrer Situation zu machen. Wo andere längst aufgegeben hätten, hat sie noch mindestens ein Ass im Ärmel. Sie ist das typische Stehaufmännchen und lässt sich von nichts unterkriegen. Sie sieht das Leben als Geschenk an, auch wenn es oft schwierige Zeiten bereithält. Sie lebt nach dem Prinzip der self-fulfilling prophecy und blickt deshalb stets zuversichtlich in die Zukunft.

Der Astronaut Mark Watney aus *Der Marsianer – Rettet Mark Watney* (Scott 2015) zählt zu diesen optimistischen Lebenskünstlern. Nach einem Unfall wird er von seinen Kollegen alleine auf dem Mars zurückgelassen. Obwohl die Aussicht auf Rettung sehr gering ist, versucht er alles, um zu überleben. Nach jedem Rückschlag, den er erleiden muss, schafft er es wieder, einen alternativen Weg zu finden. Seine Lust und Neugier am Leben machen es ihm unmöglich, einfach aufzugeben. Seine Robustheit zahlt sich aus, denn am Ende kann er das Unmögliche möglich machen und schafft es tatsächlich, wieder zurück zur Erde zu gelangen.

In den Blockbustern wird die *Frohnatur* meist von männlichen Figuren mittleren Alters verkörpert. Die *Frohnatur* ist grundsätzlich gut gesinnt, hat aber sehr oft eine derbe, vulgäre Ausdrucksweise. Hierzu zählen beispielsweise Robert Neville (*I am Legend*, Lawrence 2007), Tony Stark (*Iron Man*-Reihe, u. a. Black 2013) oder Wade Wilson (*Deadpool*, Miller 2016). Aufgrund ihrer unverblümten Art ist die *Frohnatur* nicht als vollkommen gut einzustufen.

Der Entdecker

Archetyp	Der Entdecker				
Tritt auch auf als…	Abenteurer, Träumer, Pionier				
Eigenschaften	sehnsüchtig, neugierig, euphorisch, hingebungsvoll, romantisch, ehrgeizig				
Motto	„Die Welt ist mein Zuhause."				
Was ihn ausmacht	Auch wenn die ganze Welt ihn verspottet – der Entdecker verfolgt seine Träume und Ziele, bis er sie erreicht hat. Seine Sehnsucht nach Unbekanntem ist seine treibende Kraft.				
Übliches Geschlecht	weiblich ○ ○ ● ○ ○ männlich				
Übliches Alter	jung ○ ● ○ ○ ○ alt				
Gesinnung	gut [▮] böse				

Der neugierigste aller Archetypen mag womöglich der *Entdecker* sein. Er ist stets auf der Suche nach neuen Abenteuern. Sein ganzes Leben am selben Ort zu verbringen und tagein tagaus dieselben Aufgaben zu erledigen ist nichts für ihn. Er weiß, dass die Welt noch viele Überraschungen für ihn bereithält und will keine von ihnen verpassen. Obwohl andere ihn für sonderbar halten, folgt er seinem Herzen und stürzt sich stets in neue Erlebnisse. Er lässt sich in kein gesellschaftliches Korsett zwängen, sondern folgt seinen Träumen.

Belle aus *Die Schöne und das Biest* (Condon 2017) zählt zu diesen *Entdeckern*. Sie wächst gemeinsam mit ihrem Vater in einer kleinen, französischen Provinz auf. Im Gegensatz zu anderen Frauen hat sie Freude am Lesen und am Tüfteln. Von den anderen Dorfbewohnern wird sie hierfür belächelt. Sie hat den Traum, so viel wie möglich über ihre verstorbene Mutter herauszufinden und ihre Heimatstadt Paris zu erkunden.

Wird der *Entdecker* von einer Frau verkörpert, spielt auch das Thema Emanzipation eine große Rolle. Oft wird Heirat und Sesshaftigkeit für die Frau als Freiheitsraub dargestellt. Dies wird bei Belle deutlich. Der schöne Gaston bittet sie um ihre Hand. Jede andere (konservative) Frau im Dorf würde dankend annehmen, doch die schöne Belle will ihre Freiheit nicht aufgeben und von ihm eingesperrt und zur Hausfrau degradiert werden.

Figuren, die den *Entdecker* verkörpern, haben hinsichtlich des Geschlechts keine Tendenz. Sie sind jedoch meist eher jung und haben somit die nötige Vitalität, sich stets auf Neues einzulassen. Sie haben keine bösen Absichten. Es kann allerdings vorkommen, dass sie mit ihrem freigeistigen Verhalten ihre Mitmenschen verletzen, da sich diese von ihnen verlassen fühlen.

2.2.3 Dem Leben einen Sinn verleihen – Die Behauptung

Die Archetypen *Genie, Mentor, Anführer, Amazone* und *Musterschüler* sind dem motivationalen Verstärker Behauptung zuzuordnen, da sie alle ein gesteigertes Dominanzverhalten vorweisen. Das Dominanzverhalten äußert sich meist darin, dass die entsprechenden Archetypen sich von Konkurrenten abheben und versuchen, diese zu verdrängen (Häusel 2011, S. 69). Diese Eigenschaft wird als typisch männlich angesehen und führt dazu, dass diese Gruppierung von Archetypen überwiegend durch männliche Figuren verkörpert wird. Weibliche Figuren innerhalb dieser Gruppe sind emanzipiert und stark und widersprechen dem klassischen Frauenbild. Die Behauptung stellt den aggressivsten motivationalen Verstärker dar. Im Folgenden ist die Rede von den **maskulinen Archetypen.**

Das Genie

Archetyp	Das Genie					
Tritt auch auf als…	Koryphäe, Forscher, Wissenschaftler, Erfinder					
Eigenschaften	Intellektuell, logisch, analytisch, scharfsinnig, belesen, begabt					
Motto	„Nur wer viel weiß, weiß, dass er noch wenig weiß."					
Was ihn ausmacht	Mit unerschöpflichem Fleiß strebt das Genie stets nach mehr Wissen. Seine Auffassungsgabe und sein Talent, immer einen Schritt voraus zu denken, zeichnen ihn aus.					
Übliches Geschlecht	weiblich	○ ○ ○ ● ○				männlich
Übliches Alter	jung	○ ○ ● ○ ○				alt
Gesinnung	gut	[▮ Schieberegler]				böse

Das *Genie* ist hochintelligent, hat eine große Allgemeinbildung und meist ein Fachgebiet, auf dem es ungeschlagen ist. Es hat einen unendlichen Wissensdurst und strebt jeden Tag danach, mehr über die Welt zu erfahren. Bereits in jungen Jahren ist das *Genie* seinen Altersgenossen weit voraus. Es steht an der Schwelle zwischen den beiden Motiven Behauptung und Neugier. Aus seiner Sicht betrachtet folgt es eher seiner Neugier, da das Lernen und Sammeln von Informationen ihm Freude bereitet und somit eine intrinsische Handlung darstellt. Es existieren daher Parallelen zum *Entdecker*. *Das Genie* ist oft Wissenschaftler oder Erfinder und weist somit auch ein deutlich exploratives Verhalten auf. Von außen betrachtet jedoch verleiht seine Intelligenz ihm eine Sonderstellung, für die es bewundert und hoch angesehen wird. Aus dieser Perspektive passt daher der Verstärker Behauptung besser zu ihm. Diese Sonderstellung führt jedoch auch oft dazu, dass das *Genie* sich von der Gesellschaft isoliert. Es ist andersartig und wird daher oft ausgeschlossen oder entfremdet sich selbst von anderen Menschen. Es wird missverstanden und findet selten Gleichgesinnte, wodurch seine soziale Ader abstumpft.

Als Beispiel für das *Genie* fungieren Beetee und Wiress in *Die Tribute von Panem – Catching Fire* (Lawrence 2013). Im Film wird deutlich, dass die beiden Dinge wahrnehmen, die für andere, weniger intelligente und belesene Menschen im Verborgenen bleiben. Damit sind sie den anderen oft einen Schritt voraus. Sie schaffen es außerdem mit Leichtigkeit, verschiedene Informationen zu analysieren, miteinander zu verknüpfen und somit kausale Zusammenhänge zu erkennen. Als die beiden Katniss Everdeen dafür belächeln, dass ihr diese Gabe fehlt, wird jedoch auch deutlich, warum das *Genie* schnell dazu neigt, sich unbeliebt zu machen.

Meist nutzt das *Genie* seinen Intellekt dafür, Gutes zu tun. Bisweilen gibt es jedoch auch böse Filmcharaktere, die diesem Archetypus entsprechen. Als Beispiel sei hier der Bösewicht Bolivar Trask in *X-Men: Zukunft ist Vergangenheit* (Singer 2014) genannt. Es ist meist schon etwas älter und männlichen Geschlechts.

Der Mentor

Archetyp	Der Mentor
Tritt auch auf als...	Ratgeber, Vater, Lehrer, Zauberer, Guru, Meister, Professor
Eigenschaften	weise, inspirativ, visionär, erfahren, vorausschauend, tiefgründig
Motto	„Nur wer besser wird als ich, ist ein guter Schüler."
Was ihn ausmacht	In jeder noch so aussichtslosen Lage hält der Mentor stets noch einen Ratschlag bereit. Er hat erkannt, dass all sein Wissen und seine Weisheit nichts wert sind, wenn er sie nicht mit anderen teilt. So reicht er seine Erfahrungen mit Freude an jüngere Generationen weiter.
Übliches Geschlecht	weiblich ○ ○ ○ ● ○ männlich
Übliches Alter	jung ○ ○ ○ ○ ● alt
Gesinnung	gut [▮————] böse

Der *Mentor* ist ähnlich wie das *Genie* sehr intelligent und lebensklug. Der Unterschied zwischen den beiden besteht darin, dass das *Genie* sich stets weiter verbessern und noch mehr über die Welt erfahren will, während der *Mentor* eher daran interessiert ist, sein Wissen an nachfolgende Generationen weiterzugeben. Er hat in seinem langen Leben schon viele Erfahrungen sammeln können und weiß daher fast immer, was zu tun ist. Jüngere Menschen fragen ihn oft um Rat und sehen ihn als Vorbild an. Darüber hinaus hat der *Mentor* nicht nur ein großes Fachwissen, sondern hat auch ein großes Verständnis von Moral und weiß, was richtig und was falsch ist. Er ist sehr vorausschauend und erkennt Unheil und Gefahren schon lange, bevor es andere tun.

Häufig hat der Mentor einen Schützling, den er in ganz besonderem Maße betreut. Für Gandalf ist dies Bilbo (*Der Hobbit*-Trilogie, u. a. Jackson 2012), für Albus Dumbledore ist es Harry Potter (*Harry Potter*-Filmreihe, u. a. Yates 2011), für Professor Brand ist es Murphy Cooper (*Interstellar*, Nolan 2014). Er erkennt noch vor seinem Schützling, dass wahres Potenzial in ihm schlummert und bringt ihn dazu, dieses zu entfalten. Auf der klassischen Heldenreise (Campbell 2008, S. 41 ff.) ist es oft der *Mentor*, der den *Helden* überhaupt dazu bringt, aufzubrechen, um seine Bestimmung zu erfüllen. Er hat oft stereotype Merkmale an sich, die ihn leicht erkennbar machen. Dazu zählt unter anderem ein langer, grauer Bart oder das Übergeben eines Artefakts an seinen Schützling, dem im späteren Verlauf der Geschichte noch eine wichtige Bedeutung zukommt (Vogler 2004, S. 107 f.).

Der *Mentor* muss zwingend von einer alten Figur dargestellt werden, da er nur so die nötige Lebenserfahrung und Weisheit vorweisen kann (Kroeber-Riel 1996, S. 176). Er ist außerdem überwiegend männlich.

Der Anführer

Archetyp	Der Anführer		
Tritt auch auf als...	König, Patriarch		
Eigenschaften	wegweisend, durchsetzungsfähig, selbstsicher, verehrt, würdevoll, bedeutsam		
Motto	„Folgt mir, ich weiß, wo es lang geht."		
Was ihn ausmacht	Der Anführer hat hart dafür gearbeitet, um da zu stehen, wo er heute ist. Er hat sich sein Ansehen erkämpft und daher folgen ihm seine Anhänger – nicht, weil sie es müssen, sondern weil sie es wollen.		
Übliches Geschlecht	weiblich ○ ○ ○ ○ ●		männlich
Übliches Alter	jung ○ ○ ○ ● ○		alt
Gesinnung	gut [——■——]		böse

Der *Anführer* ist derjenige Archetypus, der dem Motiv der Behauptung am meisten entspricht. Er stellt das Alpha-Tier innerhalb einer Gruppe dar. Er vereint Intelligenz, Stärke und Mut in sich und wurde daher von seinen Gruppenmitgliedern zum Oberhaupt auserwählt. Andere folgen ihm deshalb und sind ihm treu ergeben. Sein Wort gilt und wird nicht hinterfragt. An seiner Seite hat er oft die schönste Frau der Gruppe und einen besten Freund, der gleichzeitig als rechte Hand und Ratgeber fungiert. Darüber hinaus hat er meist einen Rivalen, der auf seine Position neidisch ist und ihn mit Intrigen ausstechen will, um ihm seinen Platz streitig zu machen. Der *Anführer* weiß um die Verantwortung, die seine Position mit sich bringt, und ist daher ernst und nur selten humorvoll.

Thorin Eichenschild demonstriert in *Der Hobbit – Eine unerwartete Reise* (Jackson 2012) die Autorität des *Anführers*. Seine Anhänger haben große Ehrfurcht vor ihm und respektieren ihn bedingungslos. Es existiert häufig eine Legende um die Vergangenheit des *Anführers*, die seine Stellung und Bedeutung innerhalb der Gruppe begründet. In einem Schlüsselmoment hat er bewiesen, dass er würdig ist, die anderen zu leiten. Bei Thorin Eichenschild war dies der Kampf gegen den Ork Azog.

Weil er es gewohnt ist, keinen Gegenwind zu erhalten, kann der *Anführer* sehr stur sein. Sein Selbstbewusstsein und seine Selbstsicherheit drohen teilweise in Arroganz überzugehen. Im Grunde hat der *Anführer* für seine Gruppe nur Gutes im Sinn. Dabei stellt er das Wohl der Gemeinschaft über sein eigenes. Um dieses zu sichern, greift er jedoch auch zu rigorosen Mitteln. Aus diesem Grund ist die Gesinnung dieses Archetypus ambivalent.

Da eine Figur sich erst beweisen muss, um als *Anführer* auserwählt und akzeptiert zu werden, ist er notwendigerweise älter als der Durchschnitt der Gruppe. Er ist außerdem fast durchweg männlich.

Die Amazone

Archetyp	Die Amazone				
Tritt auch auf als…	Feministin, Matriarchin, Königin				
Eigenschaften	selbstbestimmt, emanzipiert, stark, unabhängig, souverän, mächtig				
Motto	„Männer reden, Frauen handeln."				
Was sie ausmacht	Die Amazone ist die Art von Frau, die begriffen hat, dass sie keinen Mann braucht, um ihre Ziele zu erreichen. Sie kämpft für ihre Überzeugungen, egal, was andere davon halten.				
Übliches Geschlecht	weiblich ● ○ ○ ○ ○				männlich
Übliches Alter	jung ○ ○ ● ○ ○				alt
Gesinnung	gut ▮				böse

Die *Amazone* vereint ihre Weiblichkeit mit den sonst typisch maskulinen Eigenschaften, die mit dem motivationalen Verstärker der Behauptung einhergehen. In einer von Männern dominierten Welt lässt sie sich nicht unterkriegen und tritt selbstbewusst und stark auf. Sie lässt sich nicht einreden, dass sie etwas nicht kann oder nicht schafft, nur weil sie eine Frau ist. Im Gegenteil – sie hält die Frau sogar für das geschicktere und intelligentere Geschlecht. Sie will sich nicht von einem Mann abhängig machen, sondern auf eigenen Füßen stehen.

In *Jurassic World* (Trevorrow 2015) verkörpert die Parkleiterin Claire Dearing die *Amazone*. Schon ihre wichtige berufliche Stellung macht deutlich, dass es sich hierbei um eine durchsetzungsfähige und emanzipierte Frau handelt. Ihr gesamtes Auftreten, bestehend aus akkuratem Haarschnitt, strengem Kostüm und bestimmtem Umgangston, strahlt dieses Image aus. Details wie Schuhe mit Absatz und Lippenstift betonen dennoch ihre Weiblichkeit.

Ihrer Natur wegen kann die *Amazone* selbstverständlich nur von weiblichen Figuren verkörpert werden. Sie ist mindestens in ihrer Adoleszenz, in der sie sich ihrer Weiblichkeit bewusst wird und gegen die Geschlechterrolle, in die sie von der Gesellschaft gedrängt wird, als sie zu rebellieren beginnt. Zu den jüngsten *Amazonen* gehört beispielsweise Katniss Everdeen in den *Die Tribute von Panem*-Filmen (u. a. Lawrence 2013). Nach oben ist dem Alter der *Amazone* keine Grenze gesetzt. So zählt Minerva McGonagall aus der *Harry Potter*-Filmreihe (u. a. Yates 2011) zu den bereits älteren. Die *Amazone* ist innerhalb der Filme der Blockbuster-Analyse stets gut, wendet jedoch im Zweifelsfall wie der *Anführer* rabiate Methoden an, um ihren Willen durchzusetzen, sodass sie auch negative Seiten an sich hat.

Der Musterschüler

Archetyp	Der Musterschüler					
Tritt auch auf als…	Lehrling, Student, Musterknabe, Vorbild, Streber, Bürokrat					
Eigenschaften	wissbegierig, engagiert, ordentlich, diszipliniert, gehorsam, anständig					
Motto	„Ohne Fleiß kein Preis."					
Was ihn ausmacht	Die größte Freude des Musterschülers besteht darin, Neues zu lernen und täglich besser zu werden. Er tut stets das, was von ihm erwartet wird.					
Übliches Geschlecht	weiblich	O	O	●	O	O	männlich
Übliches Alter	jung	●	O	O	O	O	alt
Gesinnung	gut	[⬛▭]					böse

Der *Musterschüler* hat den *Mentor* oder das *Genie* zum Vorbild. Er hat den Anspruch, auf einem bestimmten Gebiet der Beste zu werden. Auf dieses Ziel arbeitet er meist schon von klein auf hin. Er wendet den Großteil seiner Zeit auf, um zu lernen und sich stets zu verbessern. Ähnlich wie das *Genie* hat er einen unstillbaren Wissensdurst. Von manch anderen wird er gerne als Streber gesehen und wegen seines übertriebenen Engagements aufgezogen. Der *Musterschüler* lässt sich jedoch nicht von seinem Weg abbringen. Für ihn zählt nur die Meinung seiner Lehrer.

Es liegt nahe, dass es sich bei dem *Musterschüler* um den Schützling des *Mentors* handelt. Dies ist jedoch nicht der Fall. Der Schützling des *Mentors* ist meist zunächst träge und muss dazu angestoßen werden, sich auf seinen Weg zu begeben. Der Schützling verkörpert deshalb zu Beginn der Geschichte einen Anti-archetypus. Bilbo Beutlin ist zu Beginn der *Der Hobbit*-Trilogie beispielsweise der *Feigling* (Jackson 2012), Harry Potter ist anfangs das *Opfer* (Columbus 2001). Der *Musterschüler* hingegen begibt sich aus eigenem Antrieb in die Hände des *Mentors*. Besonders deutlich wird der Unterschied zwischen *Musterschüler* und Schützling des *Mentors* in *Doctor Strange* (Derrickson 2016). Die Älteste verkörpert den *Mentor,* Meister Mordo den *Musterschüler,* der schon seit langer Zeit unter ihrer Obhut die Kunst der Zauberei studiert. Als Doctor Stephen Strange die beiden kennenlernt und zum Schützling der Ältesten wird, verkörpert er noch die *Diva*. Durch Metamorphose nimmt er jedoch mit der Zeit ebenfalls die Eigenschaften des *Musterschülers* an.

Der *Musterschüler* ist noch sehr jung und kann sowohl von männlichen als auch von weiblichen Filmfiguren dargestellt werden. Er ist gut, manchmal weist er jedoch auch egoistische Züge auf und versucht, seine Konkurrenten auszustechen, um als der Beste zu gelten.

2.2.4 Der Held

Archetyp	Der Held
Tritt auch auf als…	Retter, Befreier, Kämpfer, Krieger, Revolutionär, Altruist, Idealist
Eigenschaften	aufopferungsvoll, mutig, entschlossen, unverwüstlich, gerecht, selbstlos
Motto	„Die Welt gehört den Mutigen, auch wenn sie dabei draufgehen."
Was ihn ausmacht	Der Held kämpft gegen das Böse in der Welt. Nicht für sich selbst, sondern für das große Ganze. Um Ungerechtigkeit und Leid auf der Welt zu verbannen, setzt er sein eigenes Leben aufs Spiel.
Übliches Geschlecht	weiblich ○ ○ ○ ● ○ männlich
Übliches Alter	jung ○ ● ○ ○ ○ alt
Gesinnung	gut ▮▭▭▭▭▭ böse

Der *Held* stellt den charakteristischsten und vielleicht wichtigsten Archetypus dar. Vor allem moderne Märchen wie *Harry Potter* (u. a. Yates 2011), *Die Tribute von Panem* (Lawrence 2013) oder *Star Wars* (Abrams 2015) kommen nicht ohne *Helden* aus. Er sorgt dafür, dass die Geschichte ein gutes Ende nimmt. Er ist der mutigste aller Archetypen, denn er akzeptiert das Risiko zu sterben, um für seine Überzeugungen und seine Mitmenschen zu kämpfen. Für Joseph Campbell ist ein Held „jemand, der sein Leben einer Sache geweiht hat, die größer ist als er" (2007, S. 149).

Seine besondere Stellung in der Welt der Archetypen wird in diesem Modell dadurch deutlich, dass er keinem der drei motivationalen Verstärkern spezifisch zuzuordnen ist. Als einziger Archetypus folgt der *Held* in der Regel allen drei Verstärkern und wird daher in der Mitte des Modells platziert. Das Motiv Bindung passt zu ihm, da er das Wohl seiner Mitmenschen über das Seine stellt. Er ist altruistisch und opfert sich aus Philanthropie für andere auf. Er will die Welt durch seine Handlungen zu einem besseren Ort machen. Auch die Neugier nutzt er als Verstärker, da er bereit dazu ist, vertrautes Terrain zu verlassen und Risiken einzugehen, um für seine Überzeugungen zu kämpfen. Zuletzt folgt er auch der Behauptung. Würde ihm diese Komponente fehlen, könnte er es nicht mit seinen Feinden aufnehmen. Er hätte nicht die nötige Antriebskraft sich durchzusetzen und ausdauernd seine Vorstellung von einer besseren Welt in die Tat umzusetzen.

Im Allgemeinen wird der *Held* als jemand verstanden, „der sich mit Unerschrockenheit und Mut einer schweren Aufgabe stellt oder eine ungewöhnl[iche] bewunderungswürdige Tat vollbringt" (Brockhaus-Enzyklopädie in vierundzwanzig Bänden 1988c, S. 649). Er ist selbstlos und dazu bereit, sich aufzuopfern, um für Gerechtigkeit zu kämpfen. Damit kann ein Politiker, ein Arzt, ein Musiker oder die eigene Mutter gemeint sein. Da diese Definition großen Interpretationsspielraum zulässt, hat also jeder Mensch das Potenzial, für eine andere Person ein *Held* zu sein.

Aus diesem Grund hat jeder Archetypus und jeder Antiarchetypus das Potenzial, durch außergewöhnliche und altruistische Taten zum *Helden* zu werden. Oftmals verkörpert die Heldenfigur in einer Geschichte zunächst einen anderen Archetypus oder zumeist sogar einen Antiarchetypus und wird erst im Laufe der Geschichte durch Metamorphose zum *Helden* (Campbell 2008, S. 41 ff.). Beispiele hierfür sind der *Feigling* Bilbo (*Der Hobbit*-Trilogie, u. a. Jackson 2012), die *Amazone* Katniss Everdeen (*Die Tribute von Panem*-Filmreihe, u. a. Lawrence 2013) oder der *Rebell* Cooper (*Interstellar,* Nolan 2014).

2.3   Antiarchetypen

Analog zu den vierzehn Archetypen existieren im Modell vierzehn Antiarchetypen, welche in Abb. 2.2 zu sehen sind. Diese Antiarchetypen bilden jeweils entweder einen Gegensatz oder aber eine Übersteigerung zu ihrem korrespondierenden Archetypus. In ihren Geschlechtern entsprechen sich Archetypus und Antiarchetypus jeweils. Analog zum *Helden* nimmt hier der *Zerstörer* eine Sonderrolle ein.

Entsprechend den **femininen, infantilen** und **maskulinen Archetypen,** wird im Folgenden näher auf die **femininen, infantilen** und **maskulinen Antiarchetypen** eingegangen.

2.3.1   Jeder ist sich selbst der Nächste – Der Überdruss

Die motivationale Barriere Überdruss in Bezug auf Sicherheit wird aufgebaut, wenn die Toleranzschwelle des Bedürfnisses nach Bindung überschritten wird. In der Folge isoliert sich die entsprechende Person und entwickelt eine Abneigung gegen all jene, die die Reaktion ausgelöst haben (Bischof 1997, S. 428 f.). Sie vermeidet weitere derartige soziale Kontakte durch Fluchtverhalten und Distanz. Der entsprechenden Gruppe von Antiarchetypen zugehörig sind die *Materialistin,* der *Verräter* und die *Diva.*

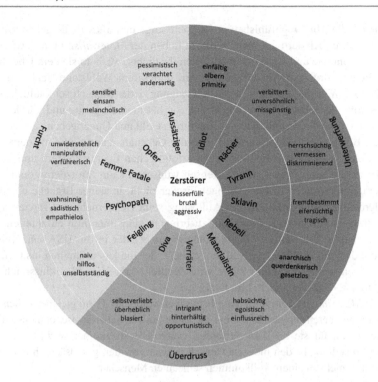

Abb. 2.2 Antiarchetypen des archetypischen Modells nach Pätzmann und Hartwig

Die Materialistin

Antiarchetyp	Die Materialistin
Tritt auch auf als…	Stiefmutter, Rabenmutter, Geizhals, Ausbeuter, Prostituierte
Eigenschaften	habsüchtig, egoistisch, einflussreich, geizig, vermögend, gierig
Motto	„Ich bin unersättlich."
Was sie ausmacht	Nur Geld und Besitz können die Materialistin glücklich machen. Um immer mehr und mehr zu besitzen, würde sie ihre Seele dem Teufel persönlich verkaufen.
Übliches Geschlecht	weiblich ○ ○ ● ○ ○ männlich
Übliches Alter	jung ○ ○ ○ ● ○ alt
Gesinnung	gut [▌] böse

Während die *Mutter* gefühlsbetont ist, sich sorgt und alles dafür geben würde, damit es ihren Kindern gut geht, zählt im Leben der *Materialistin* nur der Besitz. Soziale Kontakte und Bindungen bedeuten ihr nichts, weshalb sie dem Überdruss zugeordnet wird. Mit ihren Besitztümern und ihrem Wohlstand denkt sie, ihr gehöre die Welt. Sie ist der festen Überzeugung, jeder Mensch sei käuflich, weil sie es von sich selbst nicht anders kennt. Sie hat niemals genug und würde ohne einen Gegenwert zu erhalten nichts von ihrem Geld und Gut abgeben.

Ein Beispiel für die *Materialistin* ist der Geschäftsmann Saito aus dem Film *Inception* (Nolan 2010). Er führt einen erfolgreichen Energiekonzern und hat an Besitz bereits alles, was sich ein Mensch wünschen kann. Trotzdem gönnt er es seinem Konkurrenten Robert Michael Fischer nicht, in seiner Branche ebenfalls erfolgreich zu sein, und will die Auflösung seines Unternehmens forcieren. Er beauftragt Dom Cobb, Robert dazu zu bringen, sein Imperium aufzuteilen. Als Gegenleistung soll Saito es Dom ermöglichen, wieder in die USA einzureisen, obwohl dort ein Haftbefehl gegen ihn vorliegt, der ihn lebenslänglich ins Gefängnis bringen würde. An dieser Stelle wird deutlich, dass Saito so einflussreich und mächtig ist, dass ihm andere blind vertrauen.

Die *Materialistin* kommt in männlicher und weiblicher Form gleichermaßen vor. Sie ist meist bereits etwas älter. Über die Jahre hinweg haben zwischenmenschliche Beziehungen für sie an Wert verloren, während Besitz immer wichtiger wurde. Diese Einstellung ist den meisten Menschen zwar zuwider, grundsätzlich macht sie diese aber nicht zu einem vollkommen schlechten Menschen.

Der Verräter

Antiarchetyp	Der Verräter
Tritt auch auf als...	Schauspieler, Gestaltenwandler, Hochstapler, Betrüger, Intrigant, Blender, Schwindler
Eigenschaften	intrigant, hinterhältig, opportunistisch, unaufrichtig, berechnend, falsch
Motto	„Verrat ist eine Kunst."
Was ihn ausmacht	Der Verräter versucht sein Ziel durch Lügengeflechte und Intrigen zu erreichen. Dabei hintergeht er selbst seine Freunde.
Übliches Geschlecht	weiblich ○ ○ ○ ● ○ männlich
Übliches Alter	jung ○ ○ ● ○ ○ alt
Gesinnung	gut [＝＝＝＝＝＝＝▮＝] böse

Der *Verräter* ist mit seiner hinterhältigen und illoyalen Art das exakte Gegenstück zum *Freund*. Er gibt lange Zeit vor, jemand zu sein, der er nicht ist. Er versucht dabei, den *Freund* zu imitieren und sich hilfsbereit und treu zu geben, um das Vertrauen anderer für sich zu gewinnen. An einem Plot Point stellt sich dann jedoch heraus, dass die betreffende Person egoistische Absichten hat und seit Beginn der Handlung ein abgekartetes Spiel spielt. Er entpuppt sich sodann als intrigant und opportunistisch. Der *Verräter* kann daher auch als Schauspieler gesehen werden, der es schafft, sein gesamtes Umfeld zu täuschen. Aus diesem Grund wird der Archetypus des *Verräters* in fast allen Fällen erst nach einer Metamorphose sichtbar.

Als Beispiel kann Doctor Mann in *Interstellar* (Nolan 2014) gesehen werden. Der Astronaut wurde auf einen fremden Planeten geschickt, um zu erkunden, ob er menschliches Leben zulässt. Er sendet der NASA positive Berichte zu und teilt ihr mit, einen überlebensfähigen Planeten gefunden zu haben. Die NASA schickt daraufhin ein weiteres Raumfahrtkommando aus, um den Planeten ebenso zu erkunden. Vor Ort stellt sich heraus, dass Doctor Mann die Daten manipuliert hat, damit eine Rettungsmission zu seinen Gunsten gestartet wird. Nachdem er Cooper diese Wahrheit mitgeteilt hat, nimmt er den Tod seines Kollegen in Kauf, nur um selbst wieder zurück zur Erde fliegen zu können.

Der *Verräter* hat kein bestimmtes Alter, kommt in den Blockbustern jedoch meist in männlicher Gestalt vor.

Die Diva

Antiarchetyp	Die Diva
Tritt auch auf als...	Egomane, Narzisst, Schnösel, Snob
Eigenschaften	selbstverliebt, überheblich, blasiert, arrogant, eitel, angeberisch
Motto	„Der Neid der anderen ist mein Lohn."
Was sie ausmacht	Die Diva ist sich selbst der liebste Mensch auf Erden. Sie hält sich für etwas Besseres, daher geht sie rücksichtslos mit anderen um, so wie es ihr gefällt.
Übliches Geschlecht	weiblich ○ ○ ○ ○ ● männlich
Übliches Alter	jung ○ ● ○ ○ ○ alt
Gesinnung	gut ⊏━━━━━▮━━━⊐ böse

Die *Diva* ist selbstverliebt, arrogant und aufgrund ihres Aussehens oder ihrer Reputation eingebildet. Ihre Charakterzüge sind ähnlich wie die der Materialistin (sowie sich auch deren Umkehrungen *Mutter* und *Mutter Erde* in ihren Charakterzügen stark ähneln). Während die *Materialistin* Besitztümer über zwischenmenschliche Beziehungen stellt, verfährt die *Diva* so mit ihrem Aussehen. Sie denkt, sie könnte im Leben alles bekommen, nur weil sie besonders schön ist oder eine bestimmte Sache besonders gut kann.

Das Biest im Prolog von *Die Schöne und das Biest* (Condon 2017) ist vor seiner Verzauberung in das Ungeheuer eine solche *Diva*. Er ist absolut eitel und möchte sich, weil er sich selbst so wunderschön findet, nur mit anderen schönen Menschen umgeben. Dies tut er nicht der sozialen Kontakte wegen, derer er überdrüssig ist, sondern zur Selbstdarstellung und um sich am Anblick der anderen, die er damit objektifiziert, zu erfreuen. Die alte, hilfebedürftige Frau, die sich später als Zauberin offenbart, verspottet das Biest. Er gewährt ihr keine Hilfe, da sie nicht schön ist.

Die *Diva* tritt gleichhäufig als dominanter und als subdominanter Archetypus auf. Figuren, die sie als subdominanten Archetypus verkörpern, haben als dominanten Archetypus meist einen positiven und sind daher zwar selbstverliebt, aber nicht böse. Dazu zählen beispielsweise die (zeitweise) arroganten Superhelden Peter Parker (*The Amazing Spider-Man*, Webb 2012) und Tony Stark (*Iron Man 3*, Black 2013). Aber auch Figuren, die die Diva als dominanten Archetypus haben, wollen anderen meist nichts Schlechtes und sind daher nicht unbedingt als böse einzustufen.

Die *Diva* ist entgegen eventueller Vermutungen und Klischees innerhalb der Blockbuster-Analyse durchweg männlich. Sie ist noch relativ jung und begreift möglicherweise noch nicht, dass Schönheit und Jugend vergänglich sind, was ihre Oberflächlichkeit zumindest teilweise erklärt.

2.3.2 Angst ist stärker als der Verstand – Die Furcht

Der motivationalen Barriere Furcht sind die Antiarchetypen *Feigling, Psychopath, Femme Fatale, Opfer* und *Aussätziger* zugehörig. Dabei kann man die Barriere auf zwei unterschiedliche Arten interpretieren. Zum einen kann sie bedeuten, dass der entsprechende infantile Antiarchetypus sich selbst vor etwas fürchtet. Zum anderen, dass er Furcht in anderen auslöst. Die meisten dieser infantilen Antiarchetypen sind nicht unbedingt böse. Es lässt sich sagen, dass diejenigen Antiarchetypen, die Furcht auslösen, eher böse sind, während die Antiarchetypen, die selbst von Furcht betroffen sind, eine eher gute Gesinnung haben.

Der Feigling

Antiarchetyp	Der Feigling
Tritt auch auf als...	Bettler, Bedürftiger, Tollpatsch, Weichling, Spießer
Eigenschaften	naiv, hilflos, unselbstständig, unerfahren, wehrlos, weinerlich
Motto	„Wer nichts tut, macht auch nichts falsch."
Was ihn ausmacht	Der Feigling ist ein sicherheitsliebender Mensch, der die Gewohnheit schätzt. Niemals würde er von selbst auf die Idee kommen, Risiken einzugehen und etwas Neues zu wagen.
Übliches Geschlecht	weiblich ○ ○ ◉ ○ ○ männlich
Übliches Alter	jung ○ ◉ ○ ○ ○ alt
Gesinnung	gut [———▮———] böse

Der *Feigling* kann als Übersteigerung des *Engels* gesehen werden. Er ist ebenso rein, jung und unschuldig. Jedoch ist er durch den Mangel an Lebenserfahrung ängstlich und übervorsichtig. Er kommt nicht damit klar, auf sich allein gestellt zu sein. Er benötigt einen Anker, der ihm Halt gibt, den Weg weist und ihn beschützt. Er ist auch physisch betrachtet noch jung und unterentwickelt, was dazu führt, dass er tollpatschig ist. Er bleibt am liebsten bei Altbewährtem und begibt sich nicht in unbekannte Gefilde. Daher kann er auch als Spießer angesehen werden.

Vor seiner Metamorphose zum *Entdecker* und schließlich zum *Helden* stellt Bilbo Beutlin den *Feigling* dar (*Der Hobbit*-Trilogie, u. a. Jackson 2012). Bilbo wird von den Zwergen dazu aufgefordert, sich ihrer Reise zum Einsamen Berg und zum Drachen Smaug anzuschließen. Bilbo wird bereits bei der Vorstellung so ängstlich, dass er in Ohnmacht fällt. Seine Heimat zu verlassen kommt für ihn nicht infrage. Dies stellt für ihn einen Grundsatz dar, den er nicht einmal rational begründen kann. Im Gespräch mit Gandalf wird außerdem die bereits erläuterte Beziehung zwischen *Mentor* und Schützling deutlich, da Gandalf versucht, Bilbo mit seiner Weisheit und seiner Erfahrung Mut zuzusprechen. Dennoch kann er Bilbo zunächst nicht überzeugen. Betrachtet man den gesamten Film, ist Bilbo stets hin- und hergerissen zwischen den beiden Motiven Angst und Neugier.

Der *Feigling* kommt oft als sehr junge Figur in Animationsfilmen vor. Beispiele hierfür sind Nemo und Dorie in *Findet Dorie* (Stanton 2016) und Manni und Sid in *Ice Age 3 – Die Dinosaurier sind los* (Saldanha und Thurmeier 2009). Sie lehren ihre ebenso jungen Zuschauern oft, dass man seine Angst überwinden und mutig sein muss, um etwas zu erreichen.

Bezüglich des Geschlechts hat der *Feigling* keine klare Tendenz.

Der Psychopath

Antiarchetyp	Der Psychopath
Tritt auch auf als…	Irrer, Freak, Sadist
Eigenschaften	wahnsinnig, sadistisch, empathielos, barbarisch, unmenschlich, verrückt
Motto	„Ich leide nicht an Wahnsinn, ich bin der Wahnsinn."
Was ihn ausmacht	Der Psychopath leidet ganz offensichtlich an einer geistigen Störung. Er weiß um seine perversen Gedanken, schämt sich dabei jedoch nicht, diese nach außen zu tragen.
Übliches Geschlecht	weiblich ○ ○ ○ ◉ ○ männlich
Übliches Alter	jung ○ ○ ◉ ○ ○ alt
Gesinnung	gut [▭▭▭▭▭▮] böse

Der *Psychopath* ist eine Übersteigerung des *Künstlers*. Seine Kreativität und sein Freigeist sind so ausgeprägt, dass sie in Wahnsinn übergehen. Darüber hinaus ist er gewalttätig und erfreut sich am Leid anderer. Es ist für ihn unmöglich, sich in andere Menschen zu versetzen und deren Gefühle nachzuempfinden, was ihn unmenschlich erscheinen lässt. Er hat oft eine Idealvorstellung von der Welt und arbeitet darauf hin, diese in die Realität umzusetzen. Diese ist jedoch ebenso grausam und barbarisch wie der *Psychopath* selbst. All diese Eigenschaften führen dazu, dass andere Menschen sich vor ihm fürchten, weshalb er dem Motiv Angst zuzuordnen ist. In seiner Vergangenheit wurde er oft schlecht behandelt, missbraucht, ausgestoßen oder verachtet, was letztendlich in erheblichem Maße zu seiner psychischen Instabilität beigetragen hat.

Als Beispiel fungiert das *Psychopathen*-Paar Joker und Harley Quinn im Film *Suicide Squad* (Ayer 2016). Der Film zeigt, wie der Joker Professor Harleen Quinzel in seinen Bann gezogen und sie verrückt gemacht hat. Hierbei wird vor allem der Sadismus des Jokers deutlich. Im weiteren Verlauf des Films spielt

Harley Quinn mit ihrem Image als Verrückte. Ihre Rezipienten können sich nicht ganz sicher sein, ob sie wirklich wahnsinnig ist oder nur so tut, um in den Anderen Furcht auszulösen.

Der *Psychopath* ist mittleren Alters und tritt in den Filmen eher in männlicher Gestalt auf. Er ist durchweg böse, da er Freude daran hat, andere zu quälen und ihnen Leid zuzufügen. Er weiß, dass seine Gedanken für andere pervers und abscheulich sind, sucht sich jedoch keine Hilfe, um dies zu ändern.

Die Femme Fatale

Antiarchetyp	Die Femme Fatale				
Tritt auch auf als…	Verführerin, Luder, Sirene, Casanova				
Eigenschaften	unwiderstehlich, manipulativ, verführerisch, verhängnisvoll, gefühlskalt, quälend				
Motto	„Lass mich deine Droge sein."				
Was sie ausmacht	Die Femme Fatale nutzt ihre Schönheit wie einen Köder: Sie verführt einen Mann, bis er ihr verfallen ist. Dann schlägt sie zu, um ihr wahres Ziel zu erreichen.				
Übliches Geschlecht	weiblich	● ○ ○ ○ ○			männlich
Übliches Alter	jung	○ ● ○ ○ ○			alt
Gesinnung	gut	[——————●——————]			böse

Die *Femme Fatale* ist zunächst kaum von der *Schönheit* zu unterscheiden. Beide sind überaus attraktiv, anziehend, begehrenswert und reizvoll. Der Unterschied liegt darin, dass sich bei der *Femme Fatale* im Laufe der Geschichte herausstellt, dass diese eigensinnige Ziele verfolgt und dafür buchstäblich über Leichen geht. Der Definition nach ist sie eine erotisch-faszinierende, aber dämonisch-destruktive Frau, „die als Siegerin aus dem Kampf der Geschlechter hervorgeht" (Brockhaus-Enzyklopädie in vierundzwanzig Bänden 1988b, S. 189). Mit ihrer unwiderstehlichen Anziehungskraft auf das männliche Geschlecht bindet sie ihre Opfer an sich und wird ihnen dann zum Verhängnis, indem sie sie ins Unglück stürzt. Dabei ist sie gefühlskalt und erbarmungslos. Sie löst somit langsam aber sicher Angst in ihren Opfern aus.

Als Beispiel für die *Femme Fatale* kann Mal Cobb in *Inception* (Nolan 2010) gesehen werden. Obwohl sie zum Zeitpunkt des Plots bereits verstorben ist, bringt sie ihren Mann Dom Cobb immer wieder in verhängnisvolle Situationen. Sie glaubt, die Welt, in der sie lebt, sei nicht real und sie träume nur. Um zu erwachen, müsse sie sterben. Da sie jedoch mit ihrem Mann zusammen sein will, versucht sie Dom dazu zu bringen, Doppelsuizid zu begehen.

Die *Femme Fatale* ist stets weiblich und jung. Ihre Gesinnung ist schwer zu beurteilen. Die Vorgehensweise, wie sie ihre Ziele versucht zu erreichen ist zweifellos durchtrieben und böse. Jedoch sind die Ziele, die sie verfolgt meist guter Natur. So versuchen beispielsweise Jane Carter (*Mission: Impossible – Phantom Protokoll*, Bird 2011) und Selina Kyle (*Batman v Superman – Dawn of Justice*, Snyder 2015) die Welt vor drohendem Unheil zu beschützen.

Das Opfer

Antiarchetyp	Das Opfer
Tritt auch auf als...	Witwer, Waise
Eigenschaften	sensibel, einsam, melancholisch, verlassen, leidend, haltlos
Motto	„Die Stille in der Einsamkeit kann Höllenqualen bereiten."
Was ihn ausmacht	Das Opfer ist mutlos und hat den Glauben an sich selbst verloren. Da es keine Bezugsperson hat, die es aufbauen kann, scheint es gefangen in einer Spirale der Melancholie.
Übliches Geschlecht	weiblich ○ ○ ○ ● männlich
Übliches Alter	jung ○ ○ ● ○ ○ alt
Gesinnung	gut [▮——————] böse

Neben dem *Aussätzigen* ist das *Opfer* der einsamste aller Archetypen. Es hat keine Bezugspersonen, da seine Familie und Freunde verstorben sind oder ihn verlassen haben. Das *Opfer* ist nun ein trauriger und sensibler Hinterbliebener, der verzweifelt auf der Suche nach Halt ist. Das *Opfer* wurde unfreiwillig entwurzelt und wurde dadurch zu einer in sich gekehrten, melancholischen Person. Es redet nur ungern über sein Schicksal, da es das Gefühl hat, es gäbe keine Person, der es sich anvertrauen kann. All diese Eigenschaften führen dazu, dass es ein eher ängstliches Wesen hat.

Als gutes Beispiel in den Blockbustern kann Robert Michael Fischer in *Inception* (Nolan 2010) genannt werden. Zwar stirbt im Laufe des Films sein Vater, jedoch verkörpert er bereits vorher das *Opfer*, da seine Mutter bereits in seiner Kindheit starb und sein Vater ihn nie geliebt zu haben scheint. Er hatte hohe Anforderungen an seinen Sohn, denen dieser nie gerecht werden konnte.

Das *Opfer* ist einer der am häufigsten vorkommenden Archetypen. Dabei erscheint er oftmals als subdominanter Archetypus. Er wird fast immer von einer männlichen Figur verkörpert, die ihre Eltern verloren hat (Vogler 2004, S. 95). Auffällig ist, dass viele Helden subdominant das *Opfer* verkörpern. Dazu zählen Harry Potter und Severus Snape (*Harry Potter*-Filmreihe, u. a. Columbus 2001), Bruce Wayne und John Blake (*Dark Knight-Trilogie*, u. a. Nolan 2012) und Robert Neville (*I am Legend*, Lawrence 2007). Das *Opfer* hat kein bestimmtes Alter und ist meist – jedoch nicht immer – guter Gesinnung.

Der Aussätzige

Antiarchetyp	Der Aussätzige					
Tritt auch auf als…	Ausgestoßener, Geächteter, Außenseiter, einsamer Wolf					
Eigenschaften	pessimistisch, verachtet, andersartig, verunsichert, mutlos, verstoßen					
Motto	„Der Preis des Andersartigen ist die Einsamkeit."					
Was ihn ausmacht	Der Aussätzige hat etwas, das ihn einzigartig macht. Von der Gesellschaft wird er dafür jedoch verstoßen.					
Übliches Geschlecht	weiblich	○	○	○	◉	○	männlich
Übliches Alter	jung	○	○	◉	○	○	alt
Gesinnung	gut	[======|======]					böse

Der *Aussätzige* ist ähnlich einsam wie das *Opfer*, mit dem Unterschied, dass sich der *Aussätzige* aus freiem Willen dazu entschlossen hat, ein Leben in Einsamkeit zu führen. Er hat oft eine Gabe oder einen Makel, welche bzw. welcher ihn von allen anderen unterscheidet. Da er hierfür verspottet und geächtet wird, bevorzugt er es, sich zu isolieren. Viele haben Angst vor ihm und seiner Außergewöhnlichkeit. Teilweise machen ihm diese sogar selbst Angst und er wünscht sich, sein zu können wie alle anderen. Im Laufe seines Lebens trifft er jedoch oft eine Person, die ihn gerade für seine Einzigartigkeit bewundert und ihm neuen Mut zuspricht.

Im Film *Deadpool* (Miller 2016) entwickelt sich der Protagonist Wade Wilson zu einem solchen *Aussätzigen*. Nachdem bei ihm Krebs im Endstadium diagnostiziert wird, unterzieht er sich einem gefährlichen Experiment durch das er zu einem Mutanten wird. Er entwickelt zwar Selbstheilungskräfte, die seinen Krebs besiegen, wird jedoch fürchterlich entstellt.

Daraufhin traut er sich nicht mehr, seiner Freundin gegenüberzutreten und kapselt sich schließlich gänzlich von der Außenwelt ab. Er hält nur zu seinem Freund T. J. Miller Kontakt, der immer wieder versucht, ihn aufzubauen.

Der *Aussätzige* kann sowohl gute als auch böse Absichten verfolgen, weshalb seine Gesinnung nicht eindeutig ist und von Figur zu Figur variiert. Er existiert häufiger als männliche Figur und ist meist mittleren Alters.

2.3.3 Macht Euch die Erde untertan – Die Unterwerfung

Die Antiarchetypen *Idiot, Rächer, Tyrann, Sklavin* und *Rebell* haben primär etwas mit der motivationalen Barriere der Unterwerfung zu tun. Dabei kann auch dieses Motiv in zwei Richtungen gedeutet werden. Entweder der entsprechende Antiarchetypus unterwirft sich selbst freiwillig oder unfreiwillig einer ihm höher gestellten Person, oder aber er bringt sich selbst aktiv in eine hierarchisch weit oben angesetzte Position, indem er andere unterwirft. Die Schere zwischen Gut und Böse klafft innerhalb der maskulinen Antiarchetypen genau so weit auseinander wie unter den infantilen Antiarchetypen.

Der Idiot

Antiarchetyp	Der Idiot
Tritt auch auf als...	Amateur, Dilettant, Faulpelz, Depp
Eigenschaften	einfältig, albern, primitiv, ungeschickt, träge, unordentlich
Motto	„Was ich nicht weiß, macht mich nicht heiß."
Was ihn ausmacht	Der Idiot lebt dumm, aber glücklich. Er macht sich nichts daraus, dass er intellektuell nicht mit anderen mithalten kann. Oft schafft er es sogar, andere mit seiner Simplizität zu erheitern.
Übliches Geschlecht	weiblich ○ ○ ○ ○ ● männlich
Übliches Alter	jung ○ ● ○ ○ ○ alt
Gesinnung	gut [▮———————] böse

Als Gegenstück des *Genies* ist der *Idiot* dumm und sieht auch keinen Anlass dazu, diese Tatsache zu ändern. Er ist von Natur aus nicht sehr intellektuell und hat keine Motivation, selbstständig zu denken, etwas zu lernen oder sich etwas beizubringen. Seine Gedankengänge sind primitiv. Dadurch, dass sein Intellekt dem seiner Mitmenschen nicht gewachsen ist, begibt er sich unfreiwillig in eine unterwürfige Position. Es ist anderen ein Leichtes, ihn zu manipulieren und an der Nase herumzuführen. Der Vorteil seines beschränkten Geistes liegt jedoch darin, dass er häufig viel positiver und fröhlicher sein kann als die Menschen um ihn herum, die sich mehr Gedanken machen. Mit dem *Idioten* gibt es stets etwas zu lachen.

Der *Idiot* taucht wie der *Feigling* vor allem in Kinderfilmen auf. Seine Tollpatschigkeit kann dem Slapstick zugeordnet und somit auch von den Jüngsten verstanden werden. In *Ratatouille* beispielsweise mimt Emile den *Idioten*. Eine Filmszene verdeutlicht, dass Emile keinerlei Verständnis für den im Vergleich zu ihm kultivierten Rémy hat. Emile möchte einfach nur Ratte sein und sich darüber hinaus keine weiteren Gedanken oder Mühen machen. Diese Einfältigkeit kann er vor anderen nicht verbergen. Auch später demonstriert Emile, dass ihn nur primitive Grundbedürfnisse wie das Essen beschäftigen und er sich diesen einfach hingibt. Alle Versuche Rémys, Emile kulturell zu begeistern, scheitern. Dennoch ist Emile ihm ein guter Freund und schafft es, ihn stets zu erheitern.

Der *Idiot* ist meist noch relativ jung. Er wird oft von einer männlichen Figur verkörpert. Er will niemandem etwas Böses antun und ist daher als guter Antiarchetypus einzustufen. Vermutlich ist er aufgrund seines Intellektes überhaupt nicht in der Lage, sich schlechte Taten auszudenken, um anderen gezielt Schaden zuzufügen.

Der Rächer

Antiarchetyp	Der Rächer					
Tritt auch auf als…	Racheengel, Furie					
Eigenschaften	verbittert, unversöhnlich, missgünstig, nachtragend, rachsüchtig, jähzornig					
Motto	„Rache ist süß."					
Was ihn ausmacht	Der Rächer hat in der Vergangenheit großes Unrecht erfahren und setzt nun – blind vor Wut – alles auf Selbstjustiz, um die Gerechtigkeit wiederherzustellen.					
Übliches Geschlecht	weiblich	○ ○ ○ ● ○				männlich
Übliches Alter	jung	○ ○ ● ○ ○				alt
Gesinnung	gut	[=========▮===]				böse

Während der *Mentor* einen Schützling hat, um den er sich kümmert, hat der *Rächer* eine Art Intimfeind, an dem er Vergeltung üben will. Dieser Intimfeind hat dem *Rächer* oder einer geliebten Person des *Rächers* in der Vergangenheit Unrecht getan, welches er nicht auf sich beruhen lassen kann. Oft geht es bei diesem Unrecht darum, dass der Intimfeind dem Rächer eine geliebte Person durch den Tod genommen hat. Statt sich jedoch in die *Opfer*-Rolle zu begeben, will der *Rächer* Selbstjustiz ausüben, um die Gerechtigkeit wiederherzustellen. Das subjektive Unrechtsbewusstsein der Filmfigur und das objektive des Zuschauers können hierbei stark differieren. Daher wird die Geschichte meist so erzählt, dass der Rezipient mit dem Rächer sympathisiert und seine Rachegelüste nachvollziehen und sogar legitimieren kann.

Oft fällt der *Rächer* kurz nach dem Geschehen des Unrechts in ein tiefes Loch der Depression, beispielsweise wenn er seine Eltern, Kinder oder seinen Partner verloren hat. Aus dem starken Verlangen nach Vergeltung schöpft er dann neuen Lebenswillen. Rache stellt seinen neuen und einzigen Lebenssinn dar. Seine Maxime lautet dabei *Fiat iustitia et pereat mundus* (Es soll Gerechtigkeit geschehen, und gehe die Welt darüber zugrunde).

In *James Bond 007: Skyfall* (Mendes 2012) ließ M ihren Agenten Raoul Silva im Stich, als dieser vom chinesischen Geheimdienst gefangen genommen und gefoltert wurde. Im Film erzählt er, wie er aufgeben und sich mit einer Cyankali-Kapsel das Leben nehmen wollte. Stattdessen überlebte er, vermeintlich um sich an seiner ehemals engen Verbündeten zu rächen.

Wie bereits erwähnt, wird vom Leiden des *Rächers* oft so erzählt, dass die Geschichte seine grausamen Taten zu legitimieren vermag. Das Motiv, seinen Intimfeind zu unterwerfen, wird als nachvollziehbar dargestellt und der Zuschauer hofft teilweise sogar darauf, dass seine Rachepläne aufgehen. Dieses Motiv der Selbstjustiz ist bereits seit Jahrhunderten immer wieder Thema in unterschiedlichen Geschichten. Als Vorbild aller *Rächer* der heutigen Zeit kann Michael Kohlhaas aus der gleichnamigen Novelle von Heinrich von Kleist, welche bereits 1810 veröffentlicht wurde, gesehen werden.

Der Rächer ist meist mittleren Alters und männlichen Geschlechts. Er ist verbittert, nachtragend und jähzornig. Er wünscht seinem Intimfeind nur Schlechtes.

Der Tyrann

Antiarchetyp	Der Tyrann
Tritt auch auf als…	Diktator, Absolutist
Eigenschaften	herrschsüchtig, vermessen, diskriminierend, unterdrückend, kompromisslos, ignorant
Motto	„Terror macht mächtig."
Was ihn ausmacht	Für den Tyrannen ist das Herrschen kein Mittel, sondern reiner Selbstzweck. Da er nicht viele Qualifikationen vorweisen kann, schafft er dies nur durch Unterdrückung und dem Verbreiten von Angst und Schrecken.
Übliches Geschlecht	weiblich ○ ○ ○ ○ ● männlich
Übliches Alter	jung ○ ○ ○ ● ○ alt
Gesinnung	gut [▬▬▬▬▬▬▬▬▬▬▬▬▬■] böse

Im Gegensatz zum *Anführer* wird der *Tyrann* von den meisten seiner Untertanen nicht verehrt oder gar geliebt. Er hat darüber hinaus kein Interesse daran, für das Wohlergehen seiner Gruppe zu kämpfen. Ihm geht es einzig und allein darum, seine Dominanz zu zeigen, indem er andere unterwirft. Als Absolutist hat er eine Idealvorstellung von gesellschaftlichen Strukturen und versucht diese umzusetzen. Er diskriminiert bestimmte gesellschaftliche Gruppen und versucht sie aus der Gesellschaft auszuschließen. Er demonstriert seine Macht mithilfe von Gewalt und Verbrechen an der Menschheit, für die er nicht belangt werden kann.

Der *Tyrann* leidet zudem an Hybris. Er sieht sich göttergleich, weshalb er es nicht akzeptiert, wenn sein Wort angezweifelt oder nicht befolgt wird. Auch die Hybris ist bereits seit Jahrtausenden zentraler Bestandteil von Geschichten. Sie spielt vor allem in der griechischen Mythologie immer wieder eine Rolle.

Im Wunderland wird der *Tyrann* von der Roten Königin verkörpert (*Alice im Wunderland,* Burton 2010). Einige Filmszenen machen deutlich, wie gebieterisch und herablassend sie mit den Einwohnern und Bediensteten ihres Reichs umgeht. Sie ist furchteinflößend und zögert nicht, Sanktionen zu erheben und gar die Todesstrafe für teils lächerliche Delikte zu verhängen. Sie zeigt kein Erbarmen und ist nicht bereit, Kompromisse einzugehen. Sie instrumentalisiert andere zu ihrem Vergnügen. Da sie in ihrer Kindheit wegen ihres zu groß geratenen Kopfes verspottet wurde, sind ihre Türen nur für diejenigen geöffnet, die ebenfalls einen körperlichen Makel aufweisen. Ihre schöne Schwester hasst sie für ihre Vollkommenheit.

Die Rote Königin stellt dabei die einzige weibliche Ausnahme des *Tyrannen* innerhalb der analysierten Blockbuster dar. Von ihr abgesehen wird er ausnahmslos von Männern dargestellt. Der *Tyrann* ist meist schon älter und durchweg böse.

Die Sklavin

Antiarchetyp	Die Sklavin
Tritt auch auf als...	Marionette, Süchtiger, Dienerin
Eigenschaften	fremdbestimmt, eifersüchtig, tragisch, exzessiv, abhängig, unterjocht
Motto	„Ich habe keinen eigenen Willen, der ist gebrochen."
Was sie ausmacht	Für die Sklavin gibt es eine Sache oder eine Person im Leben, von der ihr gesamtes Glück abhängt. Sie kann nicht ohne, daher lässt sie sich von ihr zur Marionette machen.
Übliches Geschlecht	weiblich ○ ○ ● ○ ○ männlich
Übliches Alter	jung ○ ○ ○ ● ○ alt
Gesinnung	gut |————————▮——| böse

Die *Sklavin* unterwirft sich unfreiwillig einer Person, einer Sache, eines Zustandes oder einer höheren Macht. Sie ist von dieser physisch oder psychisch abhängig und kann nicht ohne sie leben. Dadurch ist sie fremdbestimmt. Sie ist süchtig nach Schönheit, einem Gegenstand oder einer Substanz wie beispielsweise Alkohol. Sie kommt von ihrer Droge nicht los, obwohl sie oftmals gerne würde. Das macht sie zu einer tragischen Person, für die andere Mitleid empfinden.

Eine der vielleicht bekanntesten und tragischsten Figuren, die die *Sklavin* verkörpern, ist Gollum aus dem Mittelerde-Universum (u. a. Jackson 2012). Die Kreatur unterwirft sich dem einen Ring in solchem Ausmaß, dass sich ihr gesamtes Leben nur noch darum dreht. Gollum verkommt, sagt sich von allen sozialen

Kontakten los, da er fürchtet, jemand könne ihm den Ring wegnehmen und setzt sein Leben aufs Spiel, um den Ring zu schützen und später – nachdem er ihn verloren hat – wiederzuerlangen.

Die *Sklavin* ist meist bereits alt. Sie kommt in Form beider Geschlechter vor. Sie ist nicht böse, ergreift jedoch böse Maßnahmen, um ihrer Sucht nachzukommen. Da sie jedoch unfreiwillig eine Geisel mimt, wird diese nicht einem schlechten und boshaften Charakter zugerechnet, sondern ihrer Sucht, für die sie nichts kann. Daher kann man diesen Antiarchetypen weder als eindeutig gut noch als eindeutig böse betrachten.

Der Rebell

Antiarchetyp	Der Rebell				
Tritt auch auf als...	Draufgänger, Anarchist, Gesetzloser, Individualist				
Eigenschaften	anarchisch, querdenkerisch, gesetzlos, provokativ, offensiv, konfliktfreudig				
Motto	„Das Befolgen von Regeln ist keine Option."				
Was ihn ausmacht	Der Rebell ist nur einer einzigen Person auf der Welt Rechenschaft schuldig: sich selbst. Daher tut er stets das, was er für richtig hält, statt das, was von ihm erwartet wird.				
Übliches Geschlecht	weiblich	O O O O ●			männlich
Übliches Alter	jung	O ● O O O			alt
Gesinnung	gut	[▮]			böse

Der *Rebell* tut stets das, was er für richtig hält. Er lässt sich von niemandem Befehle erteilen und lässt sich daher nicht unterwerfen. Er ist sein eigener Herr, egal, ob andere dies für gutheißen oder nicht. Er hat seine eigenen Ansichten vom Leben, in die er sich von niemandem hineinreden lässt. Er hält sich an keine Gesetze, wenn er diese nicht für legitim hält. Er geht mitunter provokativ und offen mit seinen Mitmenschen um, wenn er das Gefühl hat, diese versuchen ihn zu unterjochen oder versuchen, ihn zu ändern. Er ist womöglich derjenige

Archetypus, der sich am wenigsten um die Meinung anderer schert. Dafür kann er von anderen bewundert, aber auch verachtet werden. Man liebt oder man hasst den *Rebellen*. Man kommt jedoch in jedem Fall nicht darum herum, seiner starken und außergewöhnlichen Persönlichkeit Aufmerksamkeit zu schenken.

Der *Musterschüler* befolgt alle Regeln und tut stets das, was man ihm sagt. Er stellt das Wort ihm höher gestellten Personen nicht infrage. Der *Rebell* ist sein exaktes Gegenteil. Bevor er sich dazu entscheidet, eine Regel einzuhalten oder sie bewusst zu missachten, wägt er für sich ab, wie sinnhaltig diese Regel ist und ob er sie mit seinen moralischen Prinzipien vereinbaren kann. Dies macht ihn zu einem Individualisten. Er macht sich darüber hinaus nichts aus Hierarchien. Er respektiert niemanden, nur weil er ihm höhergestellt ist. Seinen Respekt muss man sich erst verdienen. Andererseits blickt er auf niemanden herab, nur weil er oder sie schwächer ist. Der *Rebell* bildet sich über alles und jeden sein eigenes Urteil, ohne sich von anderen beeinflussen zu lassen.

Ein Beispiel für den *Rebellen* stellt Indiana Jones Sohn Mutt Williams in *Indiana Jones und das Königreich des Kristallschädels* dar (Spielberg 2008). Bereits sein Auftreten macht ihn optisch als Draufgänger erkennbar. Seine Lederjacke und sein Motorrad symbolisieren Härte, Stärke und eine Anti-Haltung wie sie beispielsweise auch bei Rockerclubs (Outlaw Motorcycle Gangs) eingesetzt werden. Mutt Williams wirkt in Anlehnung an Marlon Brando (*Der Wilde*, Benedek 1953) oder auch James Dean (*… denn sie wissen nicht, was sie tun*, Ray 1955) gezeichnet, die beide bereits vor etwa 60 Jahren zum Negativ-Vorbild für Tausende Jugendliche wurden. Da der Film im Jahre 1957 spielt, kann zweifelsohne davon ausgegangen werden, dass es sich hierbei um eine Hommage an die beiden verstorbenen Schauspieler handelt.

Der *Rebell* ist ein Archetypus, der sich in den Blockbustern großer Beliebtheit erfreut und von vielen unterschiedlichen Filmfiguren verkörpert wird. Er ist jedoch fast ausschließlich männlich und meist noch relativ jung. Der *Rebell* mag zwar teilweise zu direkt, derb und vulgär sein, hat jedoch gute Absichten. Er hat ein gutes Gespür dafür, was moralisch korrekt ist und verhält sich strikt nach dieser Auffassung. Wer es schafft, sein Herz zu erwärmen, kann auf seine Hilfsbereitschaft und seine Loyalität zählen.

2.3.4   Der Zerstörer

Antiarchetyp	Der Zerstörer
Tritt auch auf als...	Ungeheuer, Barbar
Eigenschaften	hasserfüllt, brutal, aggressiv, bösartig, erbarmungslos, kaltherzig
Motto	„Es gibt nichts Gutes, außer man zerstört es."
Was ihn ausmacht	Der Zerstörer ist das personifizierte Böse. Sein Wesen ist dunkel und hasserfüllt. Um seine grausamen Taten zu verüben, braucht er oftmals noch nicht einmal ein erkennbares Motiv.
Übliches Geschlecht	weiblich ○ ○ ○ ○ ● männlich
Übliches Alter	jung ○ ○ ● ○ ○ alt
Gesinnung	gut [▭▭▭▭▭▭■] böse

Der *Zerstörer* stellt das Negativ-Pendant zum *Helden* dar, weshalb auch ihm eine besondere Stellung zukommt. Wie der *Held* kann der *Zerstörer* nicht einer einzigen motivationalen Barriere allein zugeordnet werden. In seiner Boshaftigkeit vereint er alle drei. Er ist der Menschheit überdrüssig. Er braucht keine andere Person, um glücklich zu sein. Er bindet sich an niemanden, da er nur auf sich selbst vertraut. In ihm steckt kein gutes Herz, keine Fürsorge und kein Mitleid. Er verbreitet Furcht und Schrecken mit dem Ziel, andere zu unterwerfen und über andere zu regieren.

Der *Zerstörer* ist hasserfüllt und lässt seinem Hass durch seine Brutalität freien Lauf. Er scheut nicht vor psychischer, verbaler oder physischer Gewalt zurück. Von seinem Umfeld wird er meist ausnahmslos als durchweg bösartig gesehen. Häufig liegt zunächst kein erkennbarer Grund vor, weshalb der *Zerstörer* so böse ist. Dies ändert sich im Laufe der Geschichte nur in den seltensten Fällen. Er neigt ohne subdominanten Archetypus daher dazu, recht eindimensional und stereotyp zu wirken.

Ein Beispiel für den *Zerstörer* ist Bruce Waynes Gegenspieler Bane in *The Dark Knight Rises* (Nolan 2012). Als erster Bösewicht in einem Superhelden-Comic war er es, der es geschafft hat, den Guten im Zweikampf zu besiegen, indem er ihm das Rückgrat gebrochen hat. Alleine der Umstand, dass er über einen *Helden* triumphiert hat, der den Menschen nur Gutes tun will, macht ihn zu einem außergewöhnlich bösartigen Menschen.

In einer Filmszene lässt Bane, nachdem er Batman besiegt hat und in ein Gefängnis im Ausland bringen ließ, eine Atombombe in das städtische Baseball-stadion bringen. Er fordert die Einwohner Gothams dazu auf, eine Rebellion zu beginnen. Noch im Stadion lässt er den Atomphysiker umbringen, der die Bombe gebaut hat und die einzige Person ist, die sie entschärfen könnte. Dadurch werden seine Skrupellosigkeit und seine Kaltherzigkeit deutlich. Alle Polizisten der Stadt konnte er durch eine List in der Kanalisation gefangen nehmen, sodass in Gotham ab sofort Anarchie herrscht. Im Stadion brechen Panik und Massenflucht aus. Um seinen Willen durchzusetzen, ist Bane jedes Mittel recht. Er schreckt nicht davor zurück, hunderte oder gar tausende Menschen zu töten. Da bei ihm ebenfalls keine direkten Gründe für seine Taten erkennbar sind, wirken diese umso grausamer.

Der *Zerstörer* ist die Verkörperung alles Bösen und Schlechten, weshalb seine Gesinnung eindeutig zuzuordnen ist. In allen Fällen seines Vorkommens in den fünfzig untersuchten Blockbustern ist er männlich. Er ist mindestens mittleren Alters.

Konkrete Anwendung in der Praxis 3

3.1 Insights: Verstärker und Barrieren

Insights, besser: Customer oder Consumer Insights, werden heute vor allem in der Marktforschung und in der Marketingberatung eingesetzt (Perrey, Freundt und Spillecke 2015, S. 102 ff.). Man kann sie als tiefe Einsichten aus Zielgruppensicht bezeichnen. Dabei macht es Sinn, Insights nach motivationalen Verstärkern und motivationalen Barrieren zu untergliedern. Insights dienen als Sprungbretter für die Operationalisierung des Marken-Mix (Kratzer, Ferdinand, Kramer und Pätzmann 2018, S. 12 ff.). Normalerweise erhebt man sie im Rahmen von qualitativen Studien, weil man durch offene Fragetechniken besser das „Warum" herausfindet. Die beiden Autoren dieses Essentials erheben Insights allerdings auch im Rahmen von quantitativen Studien. Da Archetypen das kollektive Unbewusste anzapfen, funktioniert das in der Praxis sehr gut und hat den Vorteil, dass man größere Stichproben ziehen kann.

Anwendung: Man entwickelt einen Fragebogen, der sich aus den ersten drei Eigenschaften (motivationale Verstärker = positiv; motivationale Barrieren = negativ) der archetypischen Steckbriefe zusammensetzt. So erhält man insgesamt 84 ($= 14 \times 3 + 14 \times 3$) Items, die im Zusammenhang mit einer Marke abgefragt werden. In der Tab. 3.1 sieht man die Ergebnisse für die relevantesten drei Eigenschaften der Beispiel-Marke a.

Der Hebel, um eine Image-Korrektur herbeizuführen ist ungleich höher, wenn man motivationale Barrieren in Verstärker umsetzt. Nutzt man motivationale Verstärker, wird nur ein bekanntes Image bekräftigt. Die relevanteste motivationale Barriere für die Marke a ist die Eigenschaft „opportunistisch". Um sie ins Positive zu verkehren, sucht man in den archetypischen Steckbriefen nach der positiven Entsprechung und findet „ehrlich". Die Tab. 3.2 zeigt, wie man

© Springer Fachmedien Wiesbaden GmbH, ein Teil von Springer Nature 2018
J. U. Pätzmann und J. Hartwig, *Markenführung mit Archetypen,* essentials,
https://doi.org/10.1007/978-3-658-23088-3_3

Tab. 3.1   Motivationale Verstärker und Barrieren für Marke a

Motivationale Verstärker			Motivationale Barrieren		
1.	Respektvoll	85 %	1.	Opportunistisch	75 %
2.	Empathisch	76 %	2.	Egoistisch	71 %
3.	Einzigartig	68 %	3.	Einsam	63 %
n = 285					

Tab. 3.2   Beschreibung eines Insights und einer Botschaft als Ausschnitt eines fiktiven Creative Briefs

Insight	„Für mich hängt die Marke a ihr Fähnchen ganz schön oft nach dem Wind (opportunistisch)."
Botschaft	Die Marke a zeigt Haltung und setzt diese auch gegen Widerstände durch (ehrlich)

„opportunistisch" und „ehrlich" in einen Insight und eine Botschaft verwandelt. Besonders gut in den Marken-Mix umsetzen lassen sich archetypische Metaphern, weil sie Bilder im Kopf erzeugen.

3.2   Markenpersönlichkeit und Markenwerte

Es gibt eine Vielzahl unterschiedlicher Markenpersönlichkeitsmodelle. Einige sind komplex (Kapferer 2013, S. 158; Kotler und Keller 2016, S. 310; Burmann, Halaszovich, Schade und Hemmann 2015, S. 52 ff.), andere sind simpel aufgebaut (Homburg 2017, S. 632; Laub, Ferdinand, Kramer und Pätzmann 2018, S. 49 f.). Die beiden Autoren dieses Essentials bevorzugen ein einfaches Modell und nennen es Apfelmodell. Das Innere beschreibt den Markenkern, die Essenz, möglichst in einem Satz formuliert. Das Fleisch darum definiert die emotionalen Markenwerte, die sich aus archetypischen Eigenschaften zusammensetzen. Das Äußere beschreibt die Schale, das Markenangebot, hier werden primär rationale Leistungsmerkmale aufgeführt. Mit Markenpersönlichkeitsmodellen kann man Marken operationalisieren, d. h. die Markenwerte können in konkrete Marketing-Programme umgesetzt werden.

Anwendung: Die archetypischen Markenwerte werden empirisch erhoben. Wieder wird mit einem aus 84 Items bestehenden Fragebogen gearbeitet.

Es wird ein Ist-Archetyp definiert, z. B. der Engel mit den Eigenschaften (=Werten) unschuldig, empathisch und rein. Der Antiarchetyp ist eventuell die Sklavin mit den Eigenschaften fremdbestimmt, eifersüchtig und tragisch. Um eine Markenpersönlichkeit weiterzuentwickeln gilt es, den Ist-Archetyp beizubehalten und den Antiarchetyp ins Positive zu verkehren. In diesem fiktiven Falle würde aus der Sklavin die Amazone mit den Eigenschaften selbstbestimmt, emanzipiert und stark werden. Der zukünftige Markenarchetyp wäre dann die engelhafte Amazone. Markenkern und Markenangebot können auch empirisch, also aus Zielgruppensicht, erhoben werden. Die Abb. 3.1 zeigt exemplarisch wie ein Markenpersönlichkeitsmodell für die fiktive Marke b aussehen könnte.

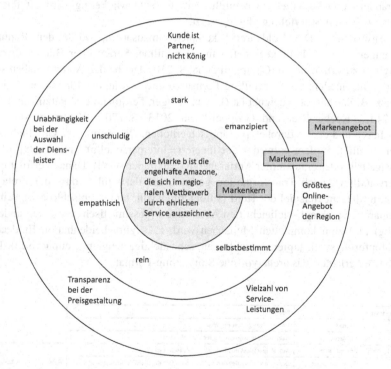

Abb. 3.1 Archetypisches Markenpersönlichkeitsmodell für die Marke b

3.3   Storytelling und Content Marketing

Storytelling und Content Marketing sind Konzepte, die im Marketing aktuell ausgiebig diskutiert werden (Sammer 2015, S. 36 ff.; Pulizzi 2014). Die beiden Autoren dieses Essentials berufen sich auf Joseph Campbell, der mit der Heldenreise (Campbell 2008) das Fundament für archetypisches Storytelling gelegt hat. Während Storytelling eine Technik ist, Geschichten spannend zu gestalten, damit sie z. B. im Auftrag von Marken Emotionen erzeugen, ist Content Marketing eine Gattung, so wie PR oder Online-Marketing. Content Marketing zu definieren erweist sich als schwierig, hier ist unser Vorschlag: „Content Marketing versucht auf überwiegend digitalen Kanälen, deren Inhalte eher redaktionell aufbereitet sind, bei definierten Zielgruppen Aufmerksamkeit zu erregen, Einstellungen zu verändern und Verhalten zu beeinflussen". Content Marketing wird oft fälschlicherweise mit Storytelling gleichgesetzt.

Anwendung: Die Heldenreise komplett umzusetzen, würde den Rahmen sprengen. Sie ist dafür geeignet, ganze Kinofilme, Serien oder Bücher dramaturgisch zu strukturieren (Campbell 2008, S. 210). Die beiden Autoren haben sich dafür entschieden, ein Storytelling-Format zu entwickeln, das für kürzere Sujets, wie z. B. Werbespots geeignet ist (Lorenz, Bilger, Ferdinand und Pätzmann 2018, S. 24 ff.; Koeber-Riel und Gröppel-Klein 2013, S. 270). Wieder werden der Archetyp und der Antiarchetyp empirisch erhoben. Der Kern einer Geschichte ist der Konflikt, in dem entweder der innere (=interpersonelle) Antiarchetyp offen zutage tritt oder ein externer Antiarchetyp (=extrapersonell). Danach erfolgt eine Verwandlung, auch Transformation genannt, die dazu führt, dass der Protagonist, in diesem Beispiel der Held (aufopferungsvoll, tapfer, entschlossen), seinen Antiarchetyp ablegt, vielleicht den Aussätzigen (pessimistisch, verachtet, andersartig) und zum kompletten Menschen wird, z. B. zum heldenhaften Entdecker (aufopferungsvoll, tapfer, entschlossen, sehnsüchtig, neugierig, euphorisch). Die Abb. 3.2 erläutert das archetypische Storytelling-Format.

Dramaturgie	Beispiel		
① Moral/Botschaft	Den Mutigen gehört die Welt.		
② Protagonist/Archetyp	Held (aufopferungsvoll, tapfer, entschlossen)		
③ Konflikt/Antiarchetyp	Aussätziger (pessimistisch, verachtet, andersartig)		
④ Emotion/Transformation	Der Held überwindet den Aussätzigen in sich durch ein Schlüsselerlebnis, das ihm Anerkennung verschafft.	Held ↓	Aussätziger ↓
⑤ Rückkehr/Komplettheit	Der inkomplette Held wird zum kompletten heldenhaften Entdecker (aufopferungsvoll, tapfer, entschlossen, sehnsüchtig, neugierig, euphorisch).	Heldenhafter Entdecker	

Abb. 3.2 Archetypisches Storytelling-Format für die Marke c

3.4 Service Design und Produktentwicklung

Service Design hat sich aus der Design-Thinking-Schule heraus entwickelt (Brown und Katz 2009, S. 13 ff.). Häufig wird es auch mit UX Design, Experience Design, Business Design oder Human-centered Design assoziiert (Stickdorn, Lawrence, Hormess und Schneider 2018, S. 19 ff.). Service Design erlebt seit Jahren einen Aufschwung, weil sich Marken im Netz insbesondere durch digitale Services differenzieren können (Wenzel, Mahle und Pätzmann 2016, S. 20 ff.; Detzel, Mahle und Pätzmann 2016, S. 57 ff.). Insgesamt kann man einen Trend erkennen, weg von Produktinnovationen, hin zu Service-Innovationen. Im Service-Sektor, nicht nur bezogen auf digitale Services, hat Deutschland sicherlich noch Nachholbedarf. Grundsätzlich wird es immer schwieriger zwischen Services und Produkten zu unterscheiden. Im digitalen Bereich sind Services oft mit Produkten gleichzusetzen, besonders wenn ihnen ein Geschäftsmodell zugrunde liegt (Schrader 2017).

Anwendung: Überraschend ist, dass in den einschlägigen Fachbüchern zum Thema Service Design die Definition von Services aus der Marke heraus, eine nur untergeordnete Rolle spielt (Stickdorn, Lawrence, Hormess und Schneider 2018). Die beiden Autoren dieses Essentials sind der festen Überzeugung, dass Services wie auch Produkte die Markenwerte widerspiegeln müssen. Um das zu gewährleisten, eignen sich empirisch erhobene Archetypen und deren motivationale Verstärker (Eigenschaften) besonders gut, um Service- oder Produktentwicklungen zu operationalisieren. Die Abb. 3.3 zeigt anhand eines fiktiven Beispiels wie so etwas

Grundmotiv	Archetyp	Motivationale Verstärker	Services	Produkte
Sicherheit	Mutter	Bindung		
		→ ermutigend		
		→ beschützend		
		→ fürsorglich	Rail & Fly, um die Anreise zum Flughafen möglichst stressfrei zu gestalten.	Betreuer-Teams für Kinder, die ohne Begleitung reisen.
Autonomie	**Antiarchetyp**	**Motivationale Barrieren**		
	Tyrann	Unterwerfung		
		→ herrschsüchtig		
		→ vermessen		
		→ diskriminierend		
	Archetyp	**Motivationale Verstärker**		
	Anführer	Autonomie		
		→ wegweisend		
		→ durchsetzungsfähig		
		→ selbstsicher		

Abb. 3.3 Archetypische Service- und Produktentwicklung für die Marke d

funktionieren kann. Dabei wird auch dargestellt, wie man einen Antiarchetyp in einen Archetyp transformiert, um so einen besonders großen Hebel für einen Image-Wandel anzusetzen.

3.5   Internal Branding und Organisationsentwicklung

Mitarbeiter sind oft die schlechtesten Markenbotschafter. Dieser Satz trifft auf eine Vielzahl von Unternehmen zu. Internal Branding versucht, Mitarbeiter zu markenkonformem Verhalten zu bewegen (Piehler 2011, S. 15; Kernstock und Brexendorf 2014, S. 243 ff.). Mitarbeiteraktivierungsprogramme sind immer auch Change-Prozesse und greifen in die Organisation ein (Scherle, Botzenhardt und Pätzmann 2014, S. 36 ff.). Sie betreffen darüber hinaus vielfach Personalentwicklungsmaßnahmen (Brandolini, Botzenhardt und Pätzmann 2014, S. 8 ff.). Somit kann Internal Branding nur funktionieren, wenn die HR-Abteilung mit der Marketing-Abteilung zusammenarbeitet.

Anwendung: Denkbar ist eine ganze Reihe von Umsetzungsmöglichkeiten, z. B. kann man die Unternehmenskultur, heruntergebrochen auf einzelne Abteilungen nach archetypischen Merkmalen analysieren (Corlett und Pearson 2003; Pearson und Hammer 2004) oder man kann einzelne Personen sich selbst oder von anderen Personen archetypisch beurteilen lassen, sozusagen als Diagnoseinstrument für die Personalentwicklung oder die Rekrutierung (Pearson und Marr 2007). Die beiden Autoren beschränken sich im Rahmen dieses Essentials auf das Aufzeigen von

Tab. 3.3 Archetypische Vorgehensweise bei der Organisationsentwicklung für die Marke e

Motivationale Verstärker	Personalentwicklung	Prozesse	Kommunikation
Analytisch	Strukturierter Weiterbildungskatalog für kommunale Mitarbeiter	Standardisierung des Onboarding-Prozesses für neue Mitarbeiter	Einheitliche Stellenausschreibungen über alle Bereiche
…			
Motivationale Barrieren	Personalentwicklung	Prozesse	Kommunikation
Überheblich > kommunikativ	Bonussystem für bestimmte Fortbildungen (z. B. Digitalisierung)	Prozesse mit Mitarbeitern gemeinsam optimieren	Open Door Policy
…			

Möglichkeiten für die markenkonforme Organisationsentwicklung. Die Tab. 3.3 macht deutlich, wie man motivationale Verstärker und Barrieren, gewandelt in Verstärker, für Personalentwicklungsmaßnahmen, Prozesse und Kommunikation operationalisiert.

Was Sie aus diesem *essential* mitnehmen können

- Ideen zur archetypischen Insight-Entwicklung
- Handlungsempfehlungen zur Definition einer archetypischen Markenpersönlichkeit
- Ansätze, wie man ein archetypisches Storytelling-Format etabliert
- Umsetzungsideen für Service Design nach archetypischem Muster
- Ein Beispiel für archetypische Organisationsentwicklung

© Springer Fachmedien Wiesbaden GmbH, ein Teil von Springer Nature 2018
J. U. Pätzmann und J. Hartwig, *Markenführung mit Archetypen,* essentials,
https://doi.org/10.1007/978-3-658-23088-3

Literatur

Abrams, J. J. 2015. Star Wars: Das Erwachen der Macht. USA. DVD.

Ayer, David. 2016. Suicide Squad. USA. DVD.

Benedek, László. 1953. Der Wilde. USA. Videokassette.

Bird, Brad. 2011. Mission: Impossible – Phantom Protokoll. USA. DVD.

Bischof, Norbert. 1997. *Das Rätsel Ödipus – Die biologischen Wurzeln des Urkonflikts von Intimität und Autonomie.* 4. Aufl, ungekürzte Taschenbuchausgabe. München: Piper.

Bischof, Norbert. 2014. *Psychologie. Ein Grundkurs für Anspruchsvolle.* 3. Aufl. Stuttgart: Verlag W. Kohlhammer.

Black, Shane. 2013. Iron Man 3. USA. DVD.

Box Office Mojo. 2017. All Time Box Office. Worldwide Grosses. http://www.boxofficemojo.com/alltime/world/. Zugegriffen: 06.10.2017.

Brandolini, Nick, Florian Botzenhardt, und Jens U. Pätzmann. 2014. Internal Branding in der Zeitarbeit. *Markenbrand* 3: 8–16.

Brockhaus-Enzyklopädie in vierundzwanzig Bänden. Neunzehnte, völlig neu bearbeitete Aufl. 1988a. Mannheim: Brockhaus (Sechster Bd DS-EW und erster Nachtrag).

Brockhaus-Enzyklopädie in vierundzwanzig Bänden. Neunzehnte, völlig neu bearbeitete Aufl. 1988b. Mannheim: Brockhaus (Siebenter Bd EX-FRT).

Brockhaus-Enzyklopädie in vierundzwanzig Bänden. Neunzehnte, völlig neu bearbeitete Aufl. 1988c. Mannheim: Brockhaus (Neunter Bd GOT-HERP).

Brown, Tim, und Barry Katz. 2009. *Change by design: How design thinking transforms organizations and inspires innovation.* 1. Aufl. New York, NY: Harper Business.

Buck, Chris, und Jennifer Lee. 2013. Die Eiskönigin – Völlig unverfroren. USA. DVD.

Burmann, Christoph, Tilo F. Halaszovich, Michael Schade, und Frank Hemmann. 2015. *Identitätsbasierte Markenführung: Grundlagen – Strategie – Umsetzung – Controlling.* 2., vollständig überarbeitete und erweiterte Aufl. Wiesbaden: Springer Gabler.

Burton, Tim. 1990. Edward mit den Scherenhänden. USA. DVD.

Burton, Tim. 2005. Charlie und die Schokoladenfabrik. USA, United Kingdom, Australien. DVD.

Burton, Tim. 2010. Alice im Wunderland. USA. DVD.

Cameron, James. 2009. Avatar – Aufbruch nach Pandora. USA, United Kingdom. DVD.

Campbell, Joseph. 2008 *The hero with a thousand faces.* 3. Aufl. Bollingen series 17. Novato, Calif.: New World Library.

© Springer Fachmedien Wiesbaden GmbH, ein Teil von Springer Nature 2018
J. U. Pätzmann und J. Hartwig, *Markenführung mit Archetypen, essentials,*
https://doi.org/10.1007/978-3-658-23088-3

Campbell, Joseph, und Bill Moyers. 2007. *Die Kraft der Mythen.* Düsseldorf: Patmos Verlag.

Columbus, Chris. 2001. Harry Potter und der Stein der Weisen. United Kingdom, USA. DVD.

Condon, Bill. 2017. Die Schöne und das Biest (2017). USA. DVD.

Corlett, John G., und Carol Pearson. 2003. *Mapping the organizational psyche: A Jungian theory of organizational dynamics and change.* Gainesville, Fla.: Center for Applications of Psychological Type.

Derrickson, Scott. 2016. Doctor Strange. USA. DVD.

Detzel, Raphael, Irene Mahle, und Jens U. Pätzmann. 2016. The Connection Between Service Design and Brand Personality. *Markenbrand* 5: 57–65.

Engelhardt, Sarah, Hans-Michael Ferdinand, Irene Kramer, und Jens U. Pätzmann. 2018. Archetypische Motive in erfolgreichen Werbespots. *Markenbrand* 6: 32–45

Hardy, Malcom, und Steve Heyes. 1999. *Beginning Psychology.* 5. Aufl. Oxford: Oxford University Press.

Häusel, Hans-Georg. 2011. *Think Limbic! Die Macht des Unbewussten verstehen und nutzen für Motivation, Marketing, Management.* 3. aktualisierte Aufl, unveränderter Nachdruck. Freiburg: Haufe Gruppe.

Homburg, Christian. 2017. *Marketingmanagement: Strategie – Instrumente – Umsetzung – Unternehmensführung.* 6., überarbeitete und erweiterte Aufl. Wiesbaden: Springer Gabler.

Horizont Online. 2011. S&F Strategy Group und Spiegel Institut Mannheim starten Neuroversum. http://www.horizont.net/marketing/nachrichten/-SF-Strategy-Group-und-Spiegel-Institut-Mannheim-starten-Neuroversum-97813. Zugegriffen 07.03.2018.

IMDb. 2017. IMDb. http://www.imdb.com/. Zugegriffen 06.10.2017.

Jackson, Peter. 2012. Der Hobbit – Eine unerwartete Reise. Neuseeland, USA. DVD.

Jung, C. G. 1999a. Der Begriff des kollektiven Unbewußten (1936). In *Archetypen*, Hrsg. Lorenz Jung. München: dtv Deutscher Taschenbuch Verlag. 45–56.

Jung, C. G. 1999b. Über den Archetypus mit besonderer Berücksichtigung des Animabegriffes (1936). In *Archetypen*, Hrsg. Lorenz Jung. München: dtv Deutscher Taschenbuch Verlag. 57–74.

Kapferer, Jean-Noël. 2012. *The new strategic brand management: Advanced insights and strategic thinking,* 5. Aufl. London: Kogan Page.

Kernstock, Joachim, und Tim Oliver Brexendorf. 2014. Die Corporate Brand in Richtung Mitarbeiter. In *Corporate Brand Management*, Hrsg. F.-R. Esch, 243–266. Wiesbaden: Springer Gabler.

Kotler, Philip, und Kevin Lane Keller. 2016. *Marketing Management.* 15. globale Aufl. Boston: Pearson.

Kratzer, Thomas, Hans-Michael Ferdinand, Irene Kramer, und Jens U. Pätzmann. 2018. Markenpositionierung durch Archetypen. *Markenbrand* 6: 12–21.

Kroeber-Riel, Werner, und Andrea Gröppel-Klein. 2013. *Konsumentenverhalten.* 10., überarb., aktualisierte und erg. Aufl. München: Vahlen.

Kroeber-Riel, Werner. 1996. *Bildkommunikation: Imagerystrategien für die Werbung.* München: Vahlen.

Laub, Fabian, Hans-Michael Ferdinand, Irene Kramer, und Jens U. Pätzmann. 2018. How archetypal brands leverage consumers' perception. *Markenbrand* 6: 46–54.

Lawrence, Francis. 2007. I am Legend. USA. DVD.

Lawrence, Francis. 2013. Die Tribute von Panem – Catching Fire. USA. DVD.

Lorenz, Ann-Kathrin, Rebecca Bilger, Hans-Michael Ferdinand, und Jens U. Pätzmann. 2018. Der Wandel des archetypischen Heldenbildes im modernen Marketing. *Markenbrand* 6: 22–31.

Mark, Margaret, und Carol S. Pearson. 2001. *THE HERO and THE OUTLAW. Building Extraordinary Brands Through the Power of Archetypes.* New York: McGraw-Hill.

Mendes, Sam. 2012. James Bond 007: Skyfall. United Kingdom, USA. DVD.

Metzler, Gina Louisa. 2016. Das passiert mit den Körpern von Babys, die man schreien lässt. http://www.huffingtonpost.de/2016/03/15/babys-schreien-lassen-_n_9470566.html. Zugegriffen 12.03.2018.

Miller, Tim. 2016. Deadpool. USA. DVD.

Nolan, Christopher. 2010. Inception. USA, United Kingdom. DVD.

Nolan, Christopher. 2012. The Dark Knight Rises. USA, United Kingdom. DVD.

Nolan, Christopher. 2014. Interstellar. USA, United Kingdom. DVD.

Pätzmann, Jens U., und Thomas Benzing. 2017. Was wir von C. G. Jung lernen können – Ansätze für ein archetypisches Markenmanagement. *inside marketing*: 18–19.

Pätzmann, Jens U., und Thomas Benzing. 2018. Das Tool: Archetypen zur Persönlichkeitsanalyse von Politikern. *Markenbrand* 6: 8–10.

Pearson, Carol, und Allen L. Hammer. 2004. *OTCI manual: A guide for interpreting the organizational and team culture indicator instrument.* Gainesville, Fla: Center for Applications of Psychological Type.

Pearson, Carol, und Hugh K. Marr. 2007. *What story are you living? A guide to interpreting results from the Pearson-Marr Archetype Indicator Assessment.* Gainesville, Fla.: Center for Applications of Psychological Type, Inc.

Perrey, Jesko, Tjark Freundt, und Dennis Spillecke. 2015. *Power brands: Measuring, making, and managing brand success.* 3., rev. ed. Weinheim: Wiley-VCH.

Piehler, Rico. 2011. *Interne Markenführung: Theoretisches Konzept und fallstudienbasierte Evidenz.* 1. Aufl. Innovatives Markenmanagement 29. Wiesbaden: Gabler Verlag / Springer Fachmedien Wiesbaden GmbH. Zugl.: Bremen, Univ., Diss.

Pulizzi, Joe. 2014. *Epic content marketing: How to tell a different story, break through the clutter, and win more customers by marketing less.* New York, NY: McGraw-Hill Education.

Ray, Nicholas. 1955. ... denn sie wissen nicht, was sie tun. USA. Videokassette.

Roesler, Christian. 2016. *Das Archetypenkonzept C. G. Jungs: Theorie, Forschung und Anwendung.* Hrsg. Ralf T. Vogel. Stuttgart: W. Kohlhammer Verlag.

Saldanha, Carlos, und Michael Thurmeier. 2009. Ice Age 3 – Die Dinosaurier sind los. USA. DVD.

Sammer, Petra. 2015. *Storytelling.* 1. Aufl, 3. korrigierter Nachdruck. O'Reilly basics. Bejing, Cambridge, Farnham, Köln, Sebastopol, Tokyo: O'Reilly.

Scheier, Christian, und Dirk Held. 2012. *Wie Werbung wirkt. Erkenntnisse des Neuromarketing.* 2. Auflage. Freiburg, München: Haufe-Lexware.

Scherle, Tina, Florian Botzenhardt, und Jens U. Pätzmann. 2014.The Connection between Change Management and Internal Branding. *Markenbrand* 3. 36–45.

Schrader, Matthias. 2017. *Transformationale Produkte: Der Code von digitalen Produkten, die unseren Alltag erobern und die Wirtschaft revolutionieren.* Hamburg: Next Factory Ottensen.

Scott, Ridley. 2015. Der Marsianer – Rettet Mark Watney. USA. DVD.

Singer, Bryan. 2014. X-Men: Zukunft ist Vergangenheit. USA. DVD.

Snyder, Zack. 2015. Batman v Superman – Dawn of Justice. USA. DVD.

Solomon, Michael R. 2013. *Konsumentenverhalten*. Neue deutsche Ausgabe. München: Pearson Deutschland.

Spiegel, Uta, und Maren K. Jens. 2010. Wir stellen vor: NoA® – Neuroversum of Archetypes. *index* 1/2010: 62–67.

Spielberg, Steven. 2008. Indiana Jones und das Königreich des Kristallschädels. USA. DVD.

Stanton, Andrew. 2016. Findet Dorie. USA. DVD.

Stickdorn, Marc, Markus Hormess, Adam Lawrence, und Jakob Schneider. 2018. *This is service design doing: Applying service design thinking in the real world; a practitioners' handbook*, 1. Aufl. Sebastapol, CA: O'Reilly.

Trevorrow, Colin. 2015. Jurassic World. USA. DVD.

Verbinski, Gore. 2003. Fluch der Karibik. USA. DVD.

Vogler, Christoph. 2004. *Die Odyssee des Drehbuchschreibers. Über die mythologischen Grundmuster des amerikanischen Erfolgskinos*. 4., aktualisierte und erweiterte Aufl. Frankfurt am Main: ZWEITAUSENDEINS.

Webb, Marc. 2012. The Amazing Spider-Man. USA. DVD.

Wenzel, Peter, Irene Mahle, und Jens U. Pätzmann. 2016. Streaming Services & Service Design. *Markenbrand* 5: 20–31.

Yates, David. 2011. Harry Potter und die Heiligtümer des Todes – Teil 2. United Kingdom, USA. DVD.

Yates, David. 2016. Phantastische Tierwesen und wo sie zu finden sind. United Kingdom, USA. DVD.

Printed in the United States
By Bookmasters